Teil II

Geschichten für Kinder
und Erwachsene

Anhang

Zu diesem Buch

Dieses Buch möchte Erbauung sein und zugleich anregen, dem wunderbaren, feinschwingenden Wirken der Engel, die uns nah sind, nachzuspüren. Dazu möchten Geschichten zu besonderen, aber auch zu alltäglichen Begebenheiten, die das Leben so mit sich bringt, beitragen.
Mut, Trost, Freude, Vertrauen, heitere Gelassenheit und Zuversicht für das eigene Leben und Erleben könnten mögliche Früchte sein, die aus liebevoller Saat aufkeimen möchten.

Die Existenz der himmlischen Boten ist für viele Menschen, die auf die feinen Impulse und Schwingungen des Lebens zu lauschen, die gewissermaßen hinter die Dinge zu schauen verstehen, längst keine Frage mehr, sondern hilfreiche Verheißung bis hin zur Gewissheit ... und damit Geleit.

Die Geschichten haben tiefgründige Inhalte, die in der oft schlichten Darstellung das Verständnis für die unterschiedlichen Lebensaspekte erleichtern helfen können. Sie alle wurden mir in der meditativen Stille inniger Gebetsschwingung inspiriert, gewissermaßen durch Impulse eines Engels, der sich mir dann zeigt, in mich hineingeschwungen.
Gelegentlich, wenn gerade Stift und Papier bereit lagen, wurden sie auch auch mit Hilfe meiner dafür hingehaltenen Hand direkt durch den Engel in einer Art Endlosschrift - ohne I-Punkt, T-Strich,

Zeichensetzung; abgesetzt nicht nach jedem Wort, sondern am Ende einer Zeile - auf das Papier gebracht.
Für diese innigen Kontakte, die ich als Geschenk der Gnade empfinde, bin ich sehr dankbar.

Manche Texte wurden mir in situationsangepasster Ausdrucksweise übermittelt, die nicht immer meiner eigenen entspricht. Das belebt das Flair der Aussagen und vermittelt Nähe zum Geschehen.
Ähnlichkeiten mit Lebenssituationen und Personen, die manchem vertraut vorkommen mögen, sind sicherlich kaum dem Zufall zuzuordnen ... handelt es sich doch um Geschichten aus dem Leben für das Leben ... inspiriert aus der Sicht der Engel.

Einige Geschichten waren zum Vorlesen und Erzählen für Kinder geschenkt worden. Es hat sich jedoch gezeigt, dass sie von Erwachsenen, die die feinstofflichen Realitäten des Lebens gern wahrnehmen möchten, wie Kinder es noch auf so wunderbare Weise vermögen, ebenso gern gehört und gelesen werden.

Da wir Menschen nun einmal unterschiedlich interessiert, ja auch unterschiedlich mit den Aspekten des Lebens konfrontiert sind, kann es keine klare Altersempfehlung zu den Geschichten geben.
Allein lesende Kinder könnten allerdings eventuell manche Begriffe oder auch Inhalte, wie sie Älteren geläufig sind, nicht ganz verstehen. Deshalb ist eine Zuordnung der Kapitel in Teil I und Teil II erfolgt,

die lediglich als Empfehlung gemeint ist und individuell gehandhabt werden möchte.

Wie sehr die Himmelsboten unser aller Leben hilfreich begleiten können, mögen die mir durch sie inspirierten Geschichten selbst veranschaulichen.

Wichtig scheint mir dazu jedoch der Hinweis, dass es eine Fülle feinstofflicher Kontaktmöglichkeiten gibt. Es sollte deshalb bitte klar unterschieden werden, welche wahrgenommenen Inspirationen aus göttlich-geistigen Bereichen der Engel fließen und was - insbesondere bei entsprechender Motivation des Kontaktsuchenden - versucherisch aus anderen Bereichen kommen kann.
Inspirationen aus göttlich-geistigen Bereichen von anderen (zum Beispiel Versucherkräften) auseinanderhalten und damit auf diesem Gebiet in Klarheit leben zu können ... auch dazu können einige der Geschichten hilfreich sein.

Näheres dazu ist im Kapitel „Woran sind feinstoffliche Wesen zu erkennen, und wodurch können sie voneinander unterschieden werden?" ausgesagt.
Die Illustrationen zu den Geschichten bringen das jeweilige Flair gut eingefühlt zum Ausdruck.

Nicht nur Erwachsene, auch lese- und zuhörbegeisterte Kinder haben mich gebeten, doch auch einmal ein Buch zu schreiben, in dem Engel- und Feengeschichten in einem Band zusammengefasst sind. So ist dieses Buch entstanden.

Überwiegend handelt es sich um bisher nicht veröffentlichte Geschichten - wenige andere wiederum sind inhaltlich aus vorhergehenden Büchern mit aufgenommen.
Das kleine Büchlein „Heiteres und Besinnliches aus dem Naturgarten des Lebens“ ist damit überholt und wird nicht mehr aufgelegt.
Die im Jahre 2000 handgefertigte, auf nur fünfzig Exemplare limitierte Vorwegauflage des Titels „Von Kindern, Tierlein und ihren Engeln“ wird es trotz wiederholter Nachfrage als eigenständiges Buch ebenfalls nicht mehr geben ... Fast alle Geschichten daraus sind hier mit eingefügt.

Mit diesem Buch ist also eine Sammlung diverser inspirierter Geschichten vom Wirken der Engel und anderer feinstofflicher Wesen entstanden.

Dank sei dem liebevollen Engel, der die Geschichten im Verlauf von mehr als zehn Jahren inspiriert hat und unermüdlich bei der Zusammenstellung der Themen und Fertigung des Manuskripts behilflich war.
Dank sei Susanne für das eingefühlte Geschenk der Illustrationen und allen Freunden, die nicht müde wurden, Korrektur zu lesen ...

Wir alle wünschen allen Lesern beschauliche und erbauliche Stunden mit diesem Buch.

Margarete Walther

Woran sind feinstoffliche Wesen zu erkennen, und wodurch können sie voneinander unterschieden werden?

Die Existenz der himmlischen Boten ist, wie schon in den einleitenden Worten auf Seite 7 erwähnt, für viele Menschen, die gewissermaßen in andächtigem Erlauschen hinter die Dinge zu schauen vermögen, längst keine Frage mehr. Sie ist hilfreiche Begleitung und Verheißung bis hin zur Gewissheit.

Die feinschwingenden Geschenke der Gottesboten sind maßgebliche Grundlage zu den Kapiteln dieses Buches.
Engelwesen sind uns Menschen nahe, möchten uns behüten, geleiten und inspirieren. Mit den inneren Wahrnehmungsorganen können sie manchem durchaus fühlbar, gelegentlich auch hörbar und/oder schaubar, also konkret wahrnehmbar sein ... obwohl sie noch viel feinschwingender sind, als die zumeist scheuen Naturgeister.

Um Gottesboten mehr und mehr wahrnehmen zu können, bedarf es allerdings einer innigen Gebetseinstimmung in möglichst meditativer Stille ... und der Geduld.
Wahrnehmbar ist dann im Allgemeinen zunächst ein Hauch, ein Flair, das mit der Zeit unverkennbar von anderem unterschieden werden kann.
Engelwesen kündigen sich, wenn sie sich von sich aus bemerkbar machen möchten, in der Regel mit

einem Wärmegeschenk an, das sich deutlich von anderem Wärmeempfinden abhebt. Erzwingen lässt sich ein spürbarer Kontakt mit Engeln nicht. Die Wahrnehmungsmöglichkeit jedes Einzelnen hängt mit davon ab, wie weit er seine inneren Wahrnehmungsorgane dafür öffnen und weiten kann - und möchte.

Impulse durch Engel können als zartschwingende Geräusche, hauchzarte Berührungen bis hin zu klar erkennbaren Bildern vor dem inneren Auge oder auch innerlich geschauten oder gehörten Texten wahrgenommen werden.

Mir sind die Kontakte mit den Gottesboten heilig. Sie erfüllen mich mit andächtiger Dankbarkeit.

Feinstoffliche Realitäten in sehr unterschiedlicher Form, Größe und Schwingung gibt es weit über die Engelreiche der Himmlischen Heerscharen hinaus in einer von manchem kaum geahnten Vielfalt.

Die Hierarchie der Naturgeister umfasst eine Fülle von Entwicklungs- und Aufstiegsmöglichkeiten ... bis hin zu den großen Devas, die sehr feinschwingend, aber dennoch keine Engel sind.

Die Elemente Feuer, Wasser, Luft und Erde sind den Erzengelbereichen zugeordnet und die in den Elementen wirksamen Naturgeister gewissermaßen die 'helfenden Hände' der Engel.
Je nach Eigenart, Landschaft, Entwicklung oder auch volkstümlicher Mundart der sie benennenden

Menschen werden sie in Sammelbegriffen wie Elementale - oder auch spezieller (hier alphabetisch) unter anderem Devas, Elfen, Feen, Gnome, Kobolde, Nixen, Sylphen, Trolle, Undinen, Wichtel, Zwerge ... genannt. Einige von ihnen kommen in den nachfolgenden Geschichten vor.
In Märchen finden gelegentlich einige dieser Begriffe Verwendung. Vermutlich wird deshalb der Begriff Fee gern als Märchenfigur mit überirdischen Fähigkeiten definiert.

Feen sind feinstoffliche Wesen, denen Aufgaben in den ihnen entsprechenden Bereichen obliegen. Elementale sind naturbezogene, von Engeln geleitete Wesen, die - wie in der Schnecken-Fabel „Oswaldines Reiseabenteuer" angesprochen - recht umsichtig und liebevoll um das Wohlergehen der Belange in der Natur bemüht sind.

Erfahrbar sind die überwiegend scheuen Wesen für viele Menschen ... wenn auch wohl mehr mit den inneren Wahrnehmungsorganen, die dafür ins Schwingen geraten können.
Wie intensiv dies jeweils geschehen kann, hängt wesentlich mit davon ab, wie weit die Sensibilität belebt und wie der Mensch veranlagt ist. Ob sie sich zeigen mögen, hängt mit von der die Menschen umgebenden Schwingung ab.

Feinstoffliche Wesen haben ihre Daseinsberechtigung wie wir Menschen auch. Aber nicht von allen sollten wir uns energetisch beeinflussen lassen, denn

im Feinstofflichen gibt es außer den wahrlich Gott dienenden Engeln und ihnen unterstellten Naturwesen und sonstigen Elementalen, die Gott an seiner Schöpfung dienen, auch noch solche, die sich den Eigenwilligkeiten der Menschen 'dienstbar' zeigen ...
Gemeint sind damit unter anderem Seelen, die sich nicht der Gottheit anvertrauen möchten, unbeseelte, aber manifest gewordene Gedankengeschöpfe und etwas wiederspenstige Naturwesen, die niedere Aspekte (wie Neigungen zu Gewalt, Macht, willkürlicher Einengung etc.) schüren und stützen.

Das wird gelegentlich, wenn sich mit dem Thema des Feinstofflichen befasst wird, außer Acht gelassen. Nicht unterschätzt werden sollten dabei die von Menschen selbst geschaffenen Gedankenkräfte, die gelegentlich als nicht gerade liebevoll erlebt werden (wie in der Magiline-Geschichte, die darüber so manches auszusagen vermag).

Gedankengeschöpfe haben die Tendenz, ähnlich Schwingendes energetisch zu verstärken. 'Dienstbar' sind solche wie oben erwähnt also nicht dem göttlichen Plan der Liebe. Sie dienen den selbstherrlichen Bestrebungen, die anderen ohne deren Wissen ihren Willen aufzuzwingen trachten, deren Handeln oder zu ihnen Gehörendes beeinflussen möchten.

Die wache Beobachtung derartiger Verhaltensweisen kann wesentlich mit dazu beitragen, Kontakte mit feinstofflichen Realitäten klar unterscheiden

zu lernen und sich - wenn sie, wie erwähnt, auch magisch aktivierte niedere Gedankenschwingungen mit beinhalten - bewusst dagegen abzugrenzen. Gebetsschutz erleichtert das Bestreben.
Dies zu beachten, kann sehr hilfreich sein; trägt es doch dazu bei eigenverantwortlich und zuversichtlich durchs Leben gehen zu können.

Hier noch eine kleine Bemerkung zu Kobolden, die sehr unterschiedlich geartet sein können in ihrem Verhalten. Einige sind zu Späßen aufgelegt, treiben gelegentlich gern Schabernack mit Mensch und Kreatur. Andere hingegen, wie die Wichtel und andere Naturgeister, machen sich nützlich, sind beim Wachstum der Pflanzen behilflich und mühen sich um deren Lebensbedingungen, die durch Umweltverschmutzung oft stark beeinträchtigt sind. Dies kommt in mehreren Geschichten dieses Buches mit zum Ausdruck.

Viele Elementale sind, auch wenn sie nicht bewusst wahrgenommen werden, in den Lebensbereichen der Menschen 'angesiedelt', andere wiederum mehr in einsamen Gebieten der Berge, Wälder und Seen.

Soweit zunächst ein kleiner Einblick in das Erscheinungsbild feinstofflicher Realitäten. Näheres dazu kann in den Geschichten dieses Buches nachgespürt und - insbesondere, was Seelenebenen und göttlich-geistige Bereiche betrifft - in „Besinnliches zu Wandlungschancen zum wahren Sein" sowie „Sein, Ist und Werden" nachgelesen werden.

Teil I

Hinkelmännleins Silberstrumpf

Vor einiger Zeit trug es sich zu, dass ein kleines Männlein abseits der Wohnsiedlungen auf einer Lichtung tief drinnen im Wald wohnte.
Es hatte sich hierher zurückgezogen, weil es hinkte und glaubte, in der Abgeschiedenheit des Waldes Heilung für sein Problem zu finden. Es ist nämlich so, dass es deutlich spürte, dass ihm der liebe Gott damit etwas zeigen wollte. Nur konnte es noch nicht herausfinden, was es wohl sei ...

Oft saß unser Hinkelmännlein des Abends allein auf seiner kleinen Bank und rauchte sein Pfeifchen still vor sich hin. Das konnte es noch nicht so recht lassen.
Es sah hinauf in die Wolken, wo sich der blaue Dunst seines Pfeifchens ein eigenes Wolkengebilde malte und sann über den lieben Gott und die Welt nach ...

Aber es fiel ihm keine Lösung ein, was das wohl bedeuten konnte, was ihm vor vielen Jahren im Traume verheißen worden war; dass es herausfinden möge, worauf es dem lieben Gott ankam bei dem Rätsel. Ein schönes Schicksal könnte ihm beschieden sein ... Es würde wieder laufen können wie die anderen Menschen, und sein zu kurzes, krummes Bein würde ihn nicht mehr daran hindern ...

Nur die Lösung sollte es finden und dazu bedurfte es des Lauschens und des Annehmens, damit ihm nichts entgehen würde, was ihm dazu geschenkt werden durfte. Hinkelmännlein wartete geduldig. Da war ihm, als bewege sich etwas hinter seinem Bänkchen. Erstaunt schaute es sich um. Hinter ihm stand eine wunderschöne Gestalt.

„Hinkelmann, du hast dich verbunden mit der Geduld, die du lebst, und die Geduld ist eine schöne Kraft. So höre denn: Wenn du diese Tugend in dir bewahren und geduldig weitersehen magst, so wird dir die Lösung offenbar werden. Dazu bedarf es aber noch weiterer Tugenden. Finde heraus, was diese wohl sind.“ Damit verschwand diese schöne Gestalt.

Die Jahre vergingen, und es wurde Frühling im Wald. Hinkelmännlein wartete noch immer auf die Lösung des Rätsels und übte weiterhin Geduld. Da geschah es, dass ein Wanderer, der sich tief in den Wald hinein verirrt hatte, an seine Tür klopfte.

„Guter Mann, gib mir zu essen, ich bin so lange unterwegs und habe keinen Proviant mehr. Deine Ziege wird sicher leckere Milch geben, und einen guten Käse kann ich auch schnuppern in deinem Haus. Es soll dein Schade nicht sein. Ich werde dir einen guten Lohn dafür geben.“

Hinkelmännlein überlegte nicht lange. Wenn diesen lieben Menschen hungerte, so wollte er ihn sättigen mit dem Wenigen, was er besaß. Er konnte gut auf ein Stückchen Käse verzichten und sich daran freuen, wie es dem Fremden schmeckte.

Hinkelmännlein dachte bei sich: 'Was er mir wohl für einen Lohn geben will? Geld brauche ich nur wenig; nur für ein bisschen Tabak und gelegentlich etwas Garn zum Flicken meiner Hosen. Sonst brauche ich nicht viel, wozu ich einen Lohn einsetzen könnte.'

Der Fremde hatte gespeist und bat um ein Lager zum Verschnaufen nach der langen Wanderung.

„Hmm ...", meinte Hinkelmännlein, „mein Lager ist hart, und es ist auch nur kurz. Aber schaut, guter Mann, wenn Ihr euch ein wenig krumm macht, so wie ich es bin, sollte es Euch eine gute Lagerstatt sein."

So geschah es. Hinkelmännlein legte sich draußen auf die Bank und schaute in den Himmel. Was war das? Es formte sich eine Wolke zu ihm herunter, und deutlich erkannte er eine schöne Gestalt - ähnlich wie die des Engels der Geduld.
Es war der Engel der Liebe, der ihm jetzt erschien. Lächelnd sprach er ihn an:

„Hinkelmann, du hast Eigensinn und Habgier überwunden. Liebevoll und geduldig bist du geworden. Du hast deine Speise und dein Lager geteilt. So soll dir eine schöne Verheißung zuteil werden. Wunderschönes kann ich dir berichten: Dein Bein darf wieder gerade werden, wenn du klar zu erkennen vermagst. Einen kleinen Anhalt möchte ich dir geben. Es wird ein wenig silbrig ausschauen, was dir die Erkenntnis bringen kann. Boten der erkennenden Liebe dürfen dir dabei behilflich sein."

Damit verschwand der Engel der Liebe, der ihm Klarheit verheißen hatte. Ja, wie sollte denn das vor sich gehen? Sollte er sich einen Strumpf aus Silber stricken? Woher sollte er das Silber nehmen und woher die Kunst des Strickens erlernen?

Es dauerte nicht lange, da klopfte es erneut an seiner Tür. „Bitte, komm, lieber Mann, komm mit und spiele mit uns."

Zwei fröhliche Kinder hatten ihn angesprochen. Sie schienen wie vom Himmel herab zu seinem Haus gefunden zu haben. Jedenfalls waren sie nicht müde und hatten keine wundgelaufenen Füße. Diese Besucher baten nicht um Proviant. Sie wollten mit ihm spielen.

„Spielen?", fragte etwas verwundert das Männlein. „Spielen? Ja, wie spielt man denn, Kinder? Ich habe noch nie gespielt. Zu ernst ist das Leben, als dass unsereins ans Spielen denken könnte."

Hinkelmännlein meinte bei sich, dass Spielen zur Entwicklung der Bewusstheit, die es gern erlangen wollte, nicht beitragen würde. Es wollte lieber alles tun, damit sein Bein wieder gerade werden könne ... „Ich muss die Zeit nutzen zum Nachsinnen."

„Ja, kannst du denn jetzt gar nicht laufen?", fragten die Kinder, „nicht ein ganz kleines bisschen?"

„Oh doch“, gestand unser Männlein. „Das kann ich wohl, aber so wie mich der liebe Gott hierher gestellt hat, kann ich nicht so gut gehen wie die anderen Menschen. Da ist etwas gekrümmt ... und so kann man nicht recht vorwärtskommen.“

„Komm, lieber Mann, lass uns das Bein glätten. Wir wissen, wie man das macht.“

„Habt ihr Silbergarn und Nadeln, um einen passenden Strumpf zu stricken?“ Nein, das hatten die Kinder nicht.

„Also“, sprach der Alte etwas traurig, „könnt ihr mir auch nicht helfen.“

Die Kinder versuchten es noch einmal. „Du musst leicht werden, Hinkelmann. Wenn du leicht bist, kannst du besser vorankommen.“

„Leicht?“, fragte Hinkelmännlein ungläubig. „Wie sollte ich wohl leicht werden?“

„Wir wissen, wie wir leicht geworden sind“, meinte das Bübchen.
„Schau mal, so leicht. Wir springen fröhlich in die Luft, und der liebe Gott fängt uns dann auf und lässt uns sanft wieder zur Erde gleiten. Es tut gar nicht weh.
Er hat nämlich Wohlgefallen daran, wenn ihm die Menschen fröhlich entgegenhüpfen. Weißt du, er hat uns nämlich verraten, dass er fröhliche Kinder liebt.“

„Ach ja“, sagte der Alte. „Fröhliche Kinder, die mögen wohl springen. Unsereins ist aber nicht fröhlich und kann sich nicht so leicht vom Boden lösen.“

„Versuch es doch einmal, Hinkelmann. Wenn es Gott doch Freude macht, wird er auch dich fangen, wenn du ihm fröhlich entgegenspringst.“

Schon hatten sie das liebe alte Männlein, das Mühe hatte, fröhlich zu sein und es deshalb so schwer hatte, vorwärts zu kommen, bei den Armen gepackt ... und fröhlich sprangen sie mit ihm in ihrer Mitte hoch. Natürlich haben sie vorher gezählt: „Eins, zwei, drei, los.“ Ein paarmal versuchten sie es, und bald klappte es.

Der Alte lachte. Er lachte zum ersten Mal in seinem Leben. Diese Kindchen, diese kleinen Lauser, die hatten ihm das Lachen entlockt, das er gar nicht in sich vermutet hatte.

„Na, Männlein, wollen wir es wagen und einen kleinen fröhlichen Ausflug machen?“, rieten sie ihm an.

„Weshalb nicht? Wenn ihr mich begleitet.“

Die Kinder waren glücklich. Es dauerte nicht lange, bis sie alle drei miteinander einen kleinen See entdeckten. Dieser See war klar und rein. Sie nahmen den Alten und gingen mit ihm an den Uferrand.

„Schau hinein, Hinkelmann, schau hinein“, riefen sie. „Woher hast du denn deinen Namen?“

Ja, was konnte er da wohl in dem See schauen? Aus dem silbrig klar glänzenden Wasser strahlte ihm ein ebenmäßiges Antlitz entgegen, das gelernt hatte zu lachen, und seine ganze Gestalt war klar und schön.

Die Beine, ach ja, die waren natürlich ganz gerade. Denn mit einer so schönen, liebenden Geduld im Herzen und einem fröhlichen, lachenden Gesicht vermochte es sich gut zu gehen.
So gab es ja keine Blockade mehr in seiner Seele, die die Beine krumm erscheinen ließ und ihn hinderte, Sprünge zu machen.

Aber, was schaute er denn da? Die Kinder waren weg. An ihrer Stelle standen dort zwei wunderschöne Engel ... Waren es die Engel der Kinder? Hatten sie sie hierher getragen?
Oder ... waren die Kinder am Ende gar selbst die Engel? Waren sie die ihm als Hilfe verheißenen Boten der erkennenden Liebe, die ihm in der Gestalt erschienen, wie er sie verstehen und sich auf ihre Mithilfe einlassen konnte?

Hinkelmännlein, auf das der Name jetzt eigentlich gar nicht mehr passt, wird es herausgefunden haben.

Was ist denn das?
- Auraerleben -

Es mag jetzt ein halbes Jahrhundert her sein, als etwas Seltsames geschah. Jedenfalls schien es zu der Zeit seltsam zu sein, denn davon war im allgemeinen Tagesgespräch niemals zu hören gewesen.

Marita saß am Waldesrand und lauschte dem nach, was sie vernahm. Sie sah so wundersame Dinge, die sich als Bestandteil eines Ganzen wie in ein wunderbares Orchester einzufügen schienen.

Marita liebte die Eiche, die ihren Blick auf sich zog, sehr. Nicht nur wegen ihrer schönen Früchte, die sie im Herbst sammeln konnte. Nein, die Eiche schien auf eine ganz besondere Art zu leben.
Wenn Marita sie so innig betrachtete und auf das Rauschen ihrer Zweige lauschte, sah sie so etwas wie eine sich wandelnde Lichthülle um diesen Baum herum.
Es war ein wunderbarer Anblick, der sich schon zu verändern vermochte, sobald ein Vogel zwitschernd darauf zuflog.
Die Hülle der Eiche mutete an wie ein Schleier, den ihr die Natur umgehängt hatte; ein Schleier aus Licht. Sobald jedoch ein Vogel hinzukam, wurde dieses Licht plötzlich bunt. Das Licht der Eiche vermischte sich mit der Hülle, die der Vogel um sich zu haben schien. Wenn er zwitscherte, war das Lichtkleid im Verhältnis zur Gestalt des Vogels größer, als dies

bei der Eiche der Fall gewesen war. Marita konnte sich daran nicht satt genug sehen. Im Winter war der Schein um den geliebten Baum herum blasser, und in dem Licht, das der Schnee reflektierend zurückwarf, schien er schwierig erkennbar zu werden. Lag das daran, dass der Baum in eine Art Schlaf versunken war?
Wenn im Herbst das Laub bunt wurde, wirkte die Schleierhülle des Baumfreundes noch anders. Fröhlich bunt wurde der Schleier aus Licht, der da um den Baum herum wahrnehmbar wurde.
Viel Zeit verbrachte Marita des Nachmittags nach der Schule dort.

Die Mutter verstand das allerdings nicht so recht. Eine Hülle wie einen Schleier konnte sie um den Baum herum nicht erkennen. Aber wenn Marita an ihren Träumereien Freude hatte, meinte die Mutter, sollte sie ruhig glauben, dass ein Baum so etwas wie eine Hülle um sich haben konnte.

Marita war ein wenig traurig. Wie schade, dass die Mutter nicht an dem teilhaben konnte, was ihr doch so viel bedeutete ...
Sie schlenderte am Waldrand entlang. Die Birke mit ihrem weiß gescheckten Stamm wirkte so licht und zart im Vergleich zur Eiche, dass sie beschloss, dort ein wenig zu rasten und die Eiche nun vergessen zu wollen. Womöglich war, was sie geschaut hatte, wirklich Fantasie gewesen?
Marita ruhte ein wenig im Gras, als sie ein zartes Raunen lockte, in die Krone der Birke zu schauen.

Es schien ein Weben und Wogen zu sein in dem Geäst mit dem zarten Blattwerk, dass es hinzuschauen lohnte. Jedenfalls empfand es Marita so.
Da flog eine kleine Meise mitten in die Krone hinein - und wieder verwandelte sich die Schau für Marita in ein fröhliches Farbenspiel. Eine Singdrossel kam hinzu. Sie nahm hoch oben in der Krone Platz und zwitscherte in den blauen Himmel hinein.

Was war denn das? Die doch eigentlich sich eher dunkel vor dem lichten Himmel abhebende Farbe der Drossel umgab eine Farbenpracht - so zart und fein und so schillernd - dass Marita staunte.
Aufmerksam geworden auf die strahlende Vogelhülle konnte Marita nun auch um die Birke herum einen Schleier wahrnehmen. Er war noch zarter, noch feiner, noch wehender als der der Eiche ... wie ein Hauch, der sich bewegt ...

Ja, was war denn nun das, was Marita da wahrnahm? Nachdenklich ging sie heim. Wieso sah sie so wunderschöne Schleier um die Bäume und die Vögel herum und die Mutter nicht?

Zu ihrem nächsten Spaziergang nahm sie Lena mit, obwohl sie im Allgemeinen sonst lieber allein spazieren ging. Lena war gerade sieben Jahre alt geworden. Im Wald kannte sie sich nur wenig aus. Lenas Eltern waren beide berufstätig, und Verwandte hatte sie in dem kleinen Ort nicht, die Zeit gehabt hätten, mit ihr in den Wald zu gehen.

Marita und Lena setzten sich unter die Birke und verzehrten ihre Lakritzstange, an der Lena mehr lutschte als kaute. Gedankenversunken holte sie plötzlich tief Luft. Dann entrangen sich ihr Worte: „Oh, wie schön ...“

Marita guckte sich um. Gab es da etwas Besonderes zu sehen, vielleicht ein Rehkitz mit seiner Mutter? Nichts dergleichen war zu sehen.

Lena schaute in den Baum. Noch einmal kam es aus ihr heraus: „Oh, wie schön. Marita, sieh mal ...“

Marita wagte kaum zu glauben, dass Lena dasselbe wahrgenommen haben könnte wie sie, wenn sie hier allein gesessen hatte.

Dann sagte Lena: „Sieh mal, der Baum hat ein Kleid an. Ein ganz helles Kleid. Es weht immer hin und her. Siehst du das?“

Lena konnte das, was Marita vergessen wollte, also auch sehen. Hmm ...

Es wurde Herbst. Der Wald färbte sich bunt. In den Zweigen knisterte und rauschte es fröhlich und verheißungsvoll. Die Bäume schienen sich schön zu machen für ein besonderes Fest.
Marita lehnte sich an einen Baum und beobachte fast andächtig das wunderbare Geschehen in der Natur ... Da war es wieder, das Schillern und Wogen - und es war strahlend licht, obwohl die Sonne heute gar nicht schien. Was mochte das nur sein?

Um sicher zu sein, dass sie nicht träumte, ging sie in den kleinen Ort zurück und bat Lena, sie zum Waldspaziergang zu begleiten. Munter plauderten beide drauflos. Dabei konnten sie zwar die Vögel singen und das Knistern im Unterholz hören, wenn sie auf Zweiglein und herabgefallenes Laub traten - aber eine Bemerkung über Kleider, die sie an Bäumen zu sehen glaubte, kam dabei von Lena nicht. Fröhlich hüpfte sie über den raschelnden Waldboden, bis sie ein wenig müde wurde.

Die Kinder setzten sich. Diesmal war da weder eine Eiche noch eine Birke. Worauf sie schauten, war eine Lärche. Die hatte ja nun eigentlich keine Blätter wie die Birke und die Eiche, sondern so etwas wie lustig angeordnete weiche Nadeln, die wie in kleinen Grüppchen um die Zweige herum wuchsen.

Und plötzlich war es wieder da, dieses seltsame Erleben. Und diesmal bei einer Art Nadelbaum, der Lärche.
Lena war entzückt: „Oh, Marita. Sieh doch mal. Der Baum hat auch ein Kleid an."
Ja ... Marita hatte es längst wahrgenommen, wollte die kleine Freundin aber nicht beeinflussen. Auch um die Lärche herum wogte eine Art Schleier. Wunderschön sah das aus.

Marita sah also etwas, das die Mutter nicht sah, und die Mutter wusste doch sonst immer alles ... Was sollte Marita nur tun? Die Mutter hatte gesagt,

was Marita wahrzunehmen glaubte, sei Fantasie, Träumerei ... Aber Lena konnte das doch auch sehen ... Was war denn das nur?
Sie legte sich in das schon etwas kühle Gras und sann nach. Da war ihr, als würde es plötzlich ganz hell. Das Licht schien etwas zu ihr zu sagen. Wie einen Hauch, so zart, meinte Marita, eine Stimme zu hören ... 'Auch das noch', dachte Marita, blieb aber liegen.

„Marita, sorge dich nicht“, sagte die Stimme. „Bitte die Mutter, noch einmal mit dir zu kommen, wenn sie recht entspannt ist und nicht mitten aus ihrer Hausarbeit herausgehen muss.
Bitte sie, dich zu begleiten und suche ein schönes ruhiges Plätzchen aus. Dort bitte sie, ein wenig mit dir zu verweilen.“

So geschah es. Unterwegs entspannte sich die Mutter mehr und mehr. Ein Reh sprang fröhlich über die Wiese. Es sah sehr harmonisch aus.
Ja - und dann schaute Marita plötzlich in eine Buche hinein, die ihr buntes, prächtiges Laub in den Himmel reckte. Leise flüsterte sie: „Mutti, schau mal. Schau mal, wie schön der Baum ist.“

Die Mutter folgte ihren Blicken. Dann wurde sie still, sehr still. Sie schaute noch einmal hin. Was war denn das?
Marita saß ganz still, um die Mutter nicht zu stören. Ob sie jetzt wohl das Gleiche sah wie Marita?
Gesagt hat die Mutter nichts.

Nachdenklich und sehr still gingen beide heim. Zum Schlafengehen gab ihr die Mutter einen Kuss auf die Stirn und sah sie an.

„Marita“, hauchte sie mehr im Flüsterton als in der üblichen Lautstärke. „Marita, ich habe mich inzwischen beraten lassen, weil ich mir Sorgen um dich gemacht hatte, ob du vielleicht krank seist und ärztliche Hilfe brauchen könntest.
Mir wurde geraten, einmal ganz entspannt mit dir zu gehen und still zu sein. Mir wurde erklärt, dass alles, was lebt, schwingt und davon etwas abstrahlt, also von einer Schwingung umgeben ist, die unterschiedlich strahlen oder auch etwas trüber sein kann. Ich durfte erfahren, dass sensible Menschen solche Schwingungshüllen gelegentlich spüren, einige sie sogar auch sehen können. Dazu allerdings müsste man ganz entspannt und unbefangen sein.

Ich hatte mir gewünscht, Kind, ohne mich dir bei deinen Beobachtungen aufdrängen zu wollen, dass du mich noch einmal einladen mögest.
So sehr hatte ich mir gewünscht, dass wir beide ganz entspannt und unvoreingenommen erleben können, was es so Wunderbares zu erleben gibt in Gottes schöner Schöpfung. Diesen Wunsch habe ich innig in meine Gebete mit einbezogen.

Heute, Marita, heute hat sich mein Wunsch erfüllt. Ich habe die Aura - so nennt man nämlich solche wunderschönen Schwingungshüllen - sowohl bei der Buche als auch bei dem Rehkitz sehen können.

Du hast nicht geträumt, Marita. Du hast gewissermaßen mit dem Herzen schauen, also dein die Natur liebendes Herz mit einbeziehen können in dein Erleben. Darum ist dir die Gnade des Schauens der schwingenden Lichthülle, die wie eine Art Schleier um die Bäume herum ist, zuteil geworden."

„Mutti ...", wagte Marita zu sagen, „Mutti, hast du schon einmal auf einen Vogel geachtet, wenn du entspannt warst?
Vögel, jedenfalls die, die ich beobachten konnte, haben eine so wunderschöne, eine noch viel, viel schönere Hülle um sich herum als die Bäume."

Der Mutter kamen Tränen inniger Rührung in die Augen: „Bisher noch nicht, Marita. Aber vielleicht schenkt mir der liebe Gott die Gnade, meine Sinne für diese feinen Dinge weiter öffnen zu können, auch einmal dafür, wenn ich ihn darum bitte.
Ich glaube dir, Marita, dass die Hülle der Vögel noch viel strahlender sein kann als die der Bäume; vor allem wohl, wenn die Vögel singen.

Danke, Marita, dass du mir deine Wahrnehmungen anvertraut hast und verzeih mir bitte, dass ich es zuerst noch nicht erkennen konnte.
Du bist kein Träumerle, Marita. Du bist gesund und sehr wach. Danke ...", hauchte sie noch einmal. Es klang wie ein inniger Dank an den Schöpfer aller Dinge, den mehr ihr Herz als ihre Lippen zu formen schienen, „Danke ..." Damit schloss sie ihr Kind innig in die Arme.

Lenas Freunde

Lena, mittlerweile neun Jahre alt, ist viel allein. Ihre Eltern sind den ganzen Tag unterwegs, weil sie berufstätig sind, und in der Schule ist sie ja nur bis zum frühen Nachmittag.

Natürlich hat Lena auch eine Freundin. Die ist jedoch ein wenig älter als sie. Marita heißt sie, und Marita ist auf ihre Art so beschäftigt, dass Lena nicht täglich mit ihr spielen kann.

Marita liebt die Natur über alles. Marita hat eine ganz besondere Beziehung dazu, und da mag sie im Wald im Allgemeinen niemand dabei haben, der sie ablenken könnte. Dennoch machen beide gelegentlich auch gemeinsame Ausflüge in den Wald.

Im Übrigen spielt Lena gern im Garten. Dazu hat sie vielerlei Gerät: eine Schaukel und allerlei Dinge für ihr kleines Beet, das ihr ganz allein gehört.
Mit diesem Beet kann sie machen, was sie möchte. Am Rande steht eine kleine Vogeltränke - und je nach Jahreszeit erblühen dort wunderschöne Blümchen.
Besonders liebt sie die zarten Clarkia. ‘Mandelröschen’ sagen die Erwachsenen dazu. Aber besondere Blumen sollte man auch bei ihrem besonderen Namen nennen, meint Lena.

Lena ist nach Meinung der anderen Bewohner des kleinen Ortes viel allein, obwohl sie sich gar nicht so allein fühlt, wie manche von ihnen meinen. Lena versteht die Erwachsenen darin nicht so recht. 'Allein, wirklich allein ist doch niemand', sinniert Lena in solchen Augenblicken vor sich hin. Da sind doch so liebe Gefährten, die mitspielen, mit fröhlich sind, die immer zu raten wissen und Lena so recht glücklich sein lassen.

Lena hat ihren so lieben Gefährten schöne Namen gegeben. Eine liebe Freundin, die die Leute nicht erkennen, nennt Lena Anja. Anja hört sich etwas an wie Engel. Lena meint, das passt so recht.

Anja ist eigentlich immer vergnügt und immer zur Stelle, wenn Lena nach ihr fragt. Fragen tut sie nach Anja natürlich mehr innerlich, nicht mit geformten Worten, wie sie es täte, wenn sie zum Beispiel nach der Mutter rufen würde. In der Herzgegend wird ihr dabei ganz warm.
Anja ist zart wie ein Hauch. Anja kann durch alles hindurchgehen, als sei das gar kein Hindernis für sie. Anja kann auch schweben und lustige Saltos in der Luft vollbringen. Mit Anja ist es immer sehr nett.
Gelegentlich sehnt sich Lena aber auch nach dem anderen Freund. Alexis nennt sie ihn. Warum, weiß sie eigentlich selbst nicht. Vielleicht, weil Alex so burschikos klingen würde - viel zu burschikos für ein so zartes Geschöpf wie Alexis?

Alexis ist gern bei Lena, wenn sie über ihren Hausaufgaben schwitzt. Manchmal fällt es Lena nämlich

ein wenig schwer, was sie da machen soll, und manchmal scheint es ihr auch langweilig. Alexis weiß da eigentlich immer Rat. Er ist so schön konzentriert dabei und gibt ihr so manche Tipps, dass es plötzlich viel leichter scheint als vorher.
Wenn Alexis da ist, spürt Lena, dass das alles auch einen Sinn hat, einen Sinn für Lenas Entwicklung. Sie spürt dann, dass sie die Hausaufgaben nicht für Frau Ebert macht, die sie ihr aufgegeben hat.
Frau Ebert ist eine nette junge Lehrerin und sehr freundlich. Was jedoch die Hausaufgaben betrifft, kann sie auch streng sein.

Ja - und dann hat Lena noch einen weiteren Freund, einen ganz kleinen, der fast immer zu Späßen aufgelegt und viel um Lena herum ist. Das ist Hüpfel. Hüpfel ist ein munterer Kobold, aber ein ganz lieber, der bei allem Komischen, das er so drauf hat, bisher niemals böse Sachen gemacht hat.
Mit Hüpfel spielt Lena gern.

Hüpfel ist also ganz anders beschaffen als Anja und Alexis. Er ist nicht ganz so fein wie sie, aber trotzdem von viel kleinerer und feinerer Gestalt als Lena oder Marita.
Marita hat Hüpfel auch gern. Aber Marita hat doch auch schon ganz andere Interessen, als mit Hüpfel zu spielen.

Schön ist es, wenn Anja Lena auf die vielen, vielen kleinen Geheimnisse in der wunderschönen Schöpfung aufmerksam macht.

Mit Anja gemeinsam lässt es sich gut lauschen auf das verheißungsvolle Wispern in den Zweigen, das Raunen und Zirpen - und manchmal ist es Lena, als seien sie im Konzert, in dem wundersame Stücke aufgeführt werden.
Derartige Konzerte klingen sehr unterschiedlich. Manchmal fühlen sie sich ganz zärtlich an, ganz sanft - und manchmal klingen sie ein wenig lauter, fast aufdringlich. Besonders kurz vor einem Gewitter schwingt das alles auf eine besondere Weise.
Ja - und wenn der Wind so fröhlich oder manchmal auch heftig durch die Zweige pfeift und dabei die zarten Blumen im Garten fast umzuwerfen droht, hört es sich beinahe wirklich bedrohlich an.

Anja lehrt sie, auf die Rhythmen und besonderen Merkmale in der Natur zu lauschen. Dadurch wird Lena immer sicherer im Erkennen; zum Beispiel erkennt sie schon, wenn das Wetter ganz plötzlich umschlagen könnte.

Aber Anja ist auch darauf bedacht, dass Lena mit Kindern spielt. Anja meint, dass das ganz wichtig für Lena sei.

Wenn Lena gemeinsam mit Marita ein wenig durch die Gegend streift - was ja, wie schon erwähnt, nicht so oft vorkommt - freuen sich beide daran, weil auch Marita dann immer neue Dinge wahrnehmen kann, die sie bis dahin nicht besonders beachtet hatte. Auch Marita, die ja schon älter ist als Lena, hat unsichtbare Freunde um sich herum. Lena kann das deutlich wahrnehmen. 'Unsichtbar?' ... Lena überlegt. Sie kann diese hauchzarten Freunde der Kinder ja schauen. Also sind sie zumindest nicht für alle Menschen unsichtbar ...

Marita spricht darüber nicht. Sie ist mehr innerlich beschäftigt als Lena. Lena sagt, was sie erleben kann, wenn ihr danach zumute ist. Allerdings gibt es nicht oft Gelegenheit dazu.

Lenas Mutter ist eine liebe, sehr engagierte Ärztin, die im Krankenhaus oft lange hintereinander Dienst hat, und Lenas Vater ist ein selbstständiger Kaufmann, der gelegentlich des Abends Geschäftsfreunde mit nach Hause bringt.
Beide sind sehr lieb zu Lena und möchten ihr gern einen liebevollen Platz in einem Kinderhort verschaffen, damit Lena nicht, wie auch sie meinen, so viel allein ist.
Aber im gleichen Ort gibt es keinen und in ein Heim möchten sie die geliebte Tochter, die sich niemals zu langweilen scheint, auch nicht geben.
So sieht Maritas Mutter, die Nachbarin, gelegentlich nach ihr - und wenn Lena etwas braucht, kann sie dort jederzeit anklopfen.

Lena ist glücklich. Sie hat Freunde; viele Freunde, wie sie meint. Es sind Freunde, die stets da sind, wenn sie ruft, und oft sind sie auch einfach so da, wenn Lena ein wenig lauscht und darauf achtet.
Lena hat aber noch mehr Freunde. Einer ist etwas vorlaut. Es ist Mausi, der Papagei. Manchmal ist er

ihr zu laut - auch wenn er Sachen sagt, die sie zum Lachen bringen. Ja ... und dann sind da noch die Frösche, die gelegentlich vom nahen Teich zu ihr herüberkommen in den Garten. Auch die können manchmal ganz schön laut sein, meint Lena. Wenn sie quaken ist es nicht anzuraten, auf das ansonsten feine Zirpkonzert im Garten zu lauschen. Die Frösche sind einfach zu dominant in diesem Orchester.

So ist Lena eigentlich ständig beschäftigt - also auch dann, wenn nicht gerade das Hausaufgabenmachen oder Flötespielen-Üben für sie auf dem Plan steht. Aber auch beim Flötespielen, das Lena noch nicht so leicht fällt, hilft ihr Alexis gelegentlich sehr. Er scheint eine solche Freude daran zu haben, dass es auf Lena abstrahlt.

Lena ist glücklich und fühlt sich reich beschenkt in ihrem Alltag.
Allein? ... nein, allein fühlt sie sich nicht. Sie fühlt sich wohlbehütet und stets begleitet.

Wundersames Leben im Tannenbaum

Wie jedes Jahr an Weihnachten freuten wir uns auch in diesem Jahr auf unseren Weihnachtsbaum. Nicht nur, weil er so würzig duftet nach Wald und süßen Kränzen; nicht nur, weil er so wunderschön geschmückt wird für das Christfest ... nein ... hauptsächlich freuten wir uns darauf, die vielen Lichter anzünden zu können, die das Weihnachtszimmer im Festtagsglanz erstrahlen lassen.
Es ist ja auch ein besonderes Fest, dieses Fest zu Ehren des Christkindes, das uns noch heute so reich beschenkt mit Liebe und Gnade.

Ganz innig freuten wir uns aber auch noch über etwas so Wunderbares, das ich lieber nicht vorab verraten, sondern im Verlauf der Geschichte vom Tannenbaum erzählen möchte.

Der Baum, um den es hier geht, stand in einem kleinen Privatwäldchen nahe der Straße. Der Besitzer wollte dort bauen und hat seine Bäumchen zum Selbstauswählen angeboten.

Viele wunderschöne, gerade gewachsene Bäumchen und ausgewachsene Baumherren waren dabei. Unsere Augen streichelten sie mit liebevollem Blick. Aber das Bäumchen, das unser Herz zum Klingen bringen würde, schien nicht dabei zu sein. Es ist nämlich so, dass wir beim Bäumchenkauf stets darauf achten, wann in uns das Herz vor Liebe und

Freude fast zu hüpfen beginnt. Ich glaube, dass die Weihnachtsengel das bewirken, damit wir Menschen, wenn wir darauf achten, spüren können, welches Bäumchen wohl zu wem kommen möchte.

So schlenderten wir zum Auto zurück, um woanders nach unserem Tannenbaum Ausschau zu halten. Plötzlich wurde mir auf dem Weg warm ums Herz, und als ich zur Seite schaute, stand da, eingezwängt zwischen einer Birke, einer Eiche und einem Strauch, den ich nicht benennen kann, wahrhaftig unser Baum.

Es war ein wenig schwierig, an ihn, der da so um sein Wachstum rang, heranzukommen. Schließlich haben wir es geschafft, den Besitzer zu überzeugen, dass es gerade dieser und kein anderer Baum sein sollte. So ganz allerdings konnte der es dennoch nicht verstehen. Wie hätten wir ihm auch sagen sollen, dass gerade für dieses Bäumchen unser Herz so hoch schlug?

Zu Hause hatten wir Mühe, diesen geliebten Baum zu schmücken. Er war nicht gerade gewachsen. Einige Zweige waren ziemlich schräg geraten, und an so mancher Stelle fehlte einfach ein Zweiglein, das dort schön ausgesehen hätte. Das waren die Stellen, an denen das Bäumchen durch die Waldnachbarn gedrückt gewesen war.

Er duftete, dieser Baum, als sei mit ihm der ganze Wald ins Haus gekommen. Da kam mir ein Gedanke: Wer so intensiv duften konnte, schenkte damit seine

ganze Liebe, die durch alles hindurchstrahlen würde. Nun war es an uns, ebenfalls unsere Liebe hineinzuschenken.
Vom Basteln war naturfarbene Märchenwolle übrig geblieben. Die wurde jetzt zu Schnee, der das Bäumlein einhüllte. Besonders schön verschneit war plötzlich seine Spitze. Sie sah aus, als sei sie ganz in Wolken gehüllt.
Wie aus Wolken schwebten daraus wunderschöne Engel hernieder bis hinunter zu einem Kinderreigen aus Papier, der in den Baum hineingeschmückt war. Den schmücken wir alljährlich mit hinein, um die Kinder der Welt, für die wir so gern singen, sinnbildlich daran teilhaben lassen zu können.

Harfen, Zimbeln und Geigen in winziger Form, zarte Ziervögelchen und Glöckchen zierten den Baum, und schließlich erstrahlte der geliebte Baum in einem anmutigen Liebeglanz.

Die Kerzen flammten, und unsere Herzen schwangen in andächtigem Festempfinden. Schön stand sie da, unsere Josephine, wie wir das Bäumchen jetzt nannten. Es war ja für eine gewisse Zeit aufgenommen in unsere Familie.
Ganz aufrecht und rundherum strahlend wurde das Bäumchen zum irdischen Mittelpunkt in unserem Weihnachtszimmer. Der innere Mittelpunkt war natürlich das Christkind selbst.

Jetzt war es soweit. Die Glocke läutete, und langsam öffnete sich die Tür zum Weihnachtszimmer.

Andächtig traten wir ein ... besangen das Christkind mit den Liedern, die es sicher schon lange kennt aus vielen, ungezählt vielen Stimmen und Instrumenten ...

Gegen vorgerückte Zeit am Abend, als es ganz still geworden war, war es, als wispere es leise im Gezweig des Bäumchens. Es war ein Schwingen, das mir das Herz und die inneren Augen weit öffnete. Und was sah ich da?
Fröhliche Elfen und andere, kleinere Elementarwesen, sprangen im Baum herum, schaukelten an den Glöckchen, berührten die Vöglein und bestaunten in gebührendem Abstand die Schmuckengel an der Spitze. Sie tippten die Kinderkette wie zum Spiel kess herausfordernd an und tollten zwischen den Nüssen unter dem Weihnachtsbaum herum.
Es war ein fröhliches, anmutiges Treiben dieser kleinen Wesen. Nur die Krippe unter dem Baum, die bedachten sie dabei nicht. Sie blieb unberührt.

Reich beschenkt mit dem Geschauten bewahrte ich es in meinem Herzen, in der Hoffnung, dass es auch anderen im Hause offenbar werden möge.

Schließlich rückte der Tag der Heiligen drei Könige heran, der Tag, mit dem für uns die Weihnachtszeit zu Ende geht. Feierlich würde Josephine jetzt den letzten Weg alles Irdischen gehen. Nachdem der Baum einen so festlichen Lebensabend gefunden hatte, sollte er zu Humus werden und beitragen dürfen zum Wachstum seiner Artgenossen.

Da geschah etwas Wunderbares. Die Elfen, die so fröhlich im Baum herumgetollt hatten, wurden ganz still ...
Andächtig harrten sie der Dinge, die da kommen würden. Hatten sie schon etwas wahrgenommen, das sich meinen Sinnen noch verbarg?

Mit innigem Gebet um Wahrnehmungsfähigkeit schloß ich die Augen. Aus dem Inneren heraus durfte ich dann schauen, dass sich höhere Elementarwesen der kleinen Elfen im Schutze liebevoller Gottesboten angenommen hatten, die den Segen Gottes hineingaben.

Die Elflein wurden vom Bäumchen hinweggeführt in eine nächst höhere Daseinsform hinein.

Und dann durfte ich etwas schauen, das mich verstehen ließ, weshalb mein Herz beim Auswählen vor Weihnachten so gehüpft hatte, als ich in die Nähe der Tanne gekommen war:
Die kleinen Elementarwesen, die bei uns so fröhlich im Weihnachtsbaum herumsprangen, hatten jahraus, jahrein große Mühe aufgewendet, das Bäumchen zu hegen und dafür zu sorgen, dass es in der Einengung nicht zugrunde ging.

Sie hatten alle Liebe hineingegeben, es zu erhalten, waren fleißig gewesen und hatten nicht verzagt, sondern unermüdlich für ihren Baum gerungen und ihn in Liebe eingehüllt.

Danke für die Liebe, die wir spüren dürfen, wenn wir sie im Herzen zu erfassen vermögen.
Danke auch, dass wir dazu beitragen durften, dass der Abschied der Elementarwesen vom geliebten Baum und ihr Übergang in eine andere Daseinsform in liebevollem Weihnachtsgeschehen erfolgen konnte.

Geraldines Lieblingshut

Diese Geschichte handelt von einem ganz besonderen Hut, einem so unvergleichlich köstlichen Hut, dass er sich nicht wie übliche Hüte käuflich erwerben lassen könnte.
Und doch ist er für alle da, dieser besondere, man könnte fast sagen universelle Hut. Er scheint manchen Menschen nur nicht sogleich als solcher erkennbar zu sein.

Geraldine steht in dieser Geschichte für die Sensibilität im Menschen, für die feinschwingende Motivation der erwachenden, liebenden Seele.
Es ist also eine Geschichte für Leser, die Freude daran haben, in Gleichnissen und Bildern den Sinn eines wunderbaren Geschehens entdecken zu können.

Geraldine ist ein lebensbejahendes junges Mädchen, das dennoch ein wenig empfindlich ist. Sie hält sich gern in der Sonne auf, an schönen Orten, wo sie Erbauung finden und ein wenig träumen kann; so auch vor wenigen Jahren an einem strahlenden Julitag.

Am Strand von Reba, in den Lagunen, plätschert das Wasser melodisch an den Sand. Es ist herrlich, so dazuliegen und dem plätschernden Wasserhall nachzulauschen. Es ist das, was das Herz erfüllt, meint Geraldine. Auf ihr Gesicht kommt ein roter Schein, auch das Haar ist sehr heiß.

Geraldine steht auf und fühlt sich nicht mehr wohl in ihrer Haut. Wie konnte denn das geschehen? Sie hatte sich doch nur der lichtumflutenden Sonne ausgesetzt, ihre Strahlen gern eingesogen.

„Ein Hut“, wispert es in ihr, „ein geeigneter Hut könnte einen Sonnenbrand verhindern.“ So gelangte ein Sonnenhut zu Geraldines Garderobe.

Im Februar, als es recht ungemütlich draußen war, hatte Geraldine einen Einfall: ‘Wenn mich ein Sonnenhut vor den brennenden Sonnenstrahlen behüten kann, kann es ein wasserfester Hut auch bei Regen und Schnee.’
Ja, das war die Lösung. Ein Hut mit breiter Krempe machte das Wandern im Regen vergnüglich. So gelangte ein zweiter Hut in Geraldines Garderobe.

Eine Einladung stand an. Freudig hat sie sie angenommen. Oh ja, da würde sie Klaus treffen und Richard und Marta ... und vielleicht ein paar einflussreiche Herren aus der Geschäftswelt.
Zu einem solchen Anlass sollte man stets fein sein, erwählte Kleider tragen, um zu gefallen. Ein Hut müsste dabei sein ... vielleicht ein schlichter Hut mit einer kessen Seidenschleife und zarten Perlen?

Auf die Weise gelangte ein dritter Hut in Geraldines Kleidungsvielfalt. Für den Urlaub in den Bergen war natürlich ein Hütchen mit Feder angezeigt und für den an der See eines mit Kettchen oder Band. Für den Theaterbesuch eines mit ...

Ja ... was suchte Geraldine eigentlich unter ihren vielen Hüten? Suchte sie Geborgenheit? Suchte sie Schutz? Oder versuchte sie, zu gefallen?

Was Geraldine wirklich suchte, fand sie damit nicht. Sie wurde nachdenklich. Sie hatte sich auf so viele Aspekte des Lebens eingelassen, hatte einen Beruf, genoss ihre Ferienzeit mal in den Bergen, mal an der See, wurde eingeladen und lud ein, ging ins Theater und scheute auch den Regen nicht.

Sie suchte die schönsten Plätze der Erde auf, pflegte positive Gedankenansätze und mied alles Böse und unerfreulich auf sie Wirkende.
Sie hatte fröhliche Freunde, die es ihr gleich taten; die ebenfalls sonnenfreudig, reiselustig und kulturell interessiert waren.

Eigentlich hatte sie alles, was man in ihrem Alter so braucht, bevor man sich entschließt, einmal eine Familie zu gründen. Und doch gab es in Geraldine eine Unruhe, die nicht zu übersehen war.

So gingen die Jahre dahin, bis Ulla, eine Freundin, die hoch hinauf in den Norden gezogen war, an ihre Tür klopfte. Ulla war auf Dienstreisen, die sie bis in die Nähe ihres einstigen Heimatortes brachten.

„Ulla, wie schön, dich einmal wiederzusehen. Gut schaust du aus. Bist du glücklich? Was dir aus den Augen strahlt, habe ich sonst nie an dir gesehen. Komm, setz dich. Ich habe heute frei. Erzähle doch mal, wie es dir in der Ferne ergangen ist."

Es gab ein langes Gespräch und einige Besinnungspausen, die Ulla für die Freundin hatte mit einfließen lassen ...

Geraldine hörte aufmerksam zu. Mit jedem Wort, das Ulla sprach, wurde es in ihrem Herzen lebendiger, so, als sei dort etwas verborgen gewesen, das jetzt erwachte. Versonnen bat sie:

„Ulla, bitte, magst du mich auf dem Rückweg mitnehmen an deinen Wohnort? Ich habe noch ein paar Tage Urlaub. Könntest du mich mitnehmen zu deinen Freunden, damit ich ein wenig an dem teilhaben kann, wovon du mir berichtet hast?"

Zwei Wochen später trafen Ulla und Geraldine in Ullas Wahlheimat ein. Am Wochenende statteten sie der Freundesgruppe einen Besuch ab.

Fröhlich ging es da zu ... auf eine von innen kommende, harmonische Weise, ohne dass irgendetwas Ausgefallenes geboten werden musste.

Es wurde fröhlich und auch andächtig gesungen, in einer Zeit der Stille ein Thema im Herzen bewegt, das zuvor zur stillen Meditation angeregt war, und im Verlauf des Abends entdeckte Geraldine, dass fast alle Augen der Freunde in ähnlicher Weise in Liebe erstrahlten wie die von Ulla.

Jemand berichtete von einer Stadt, in der es so viele traurige Menschen gab, in der selbst die Kinder anders wirkten als in den meisten Städten.

„Könnten wir da nicht mal ein bisschen Fröhlichkeit schenken, ein bisschen teilen, vielleicht hier oder da ein paar Lieder singen?"

Mehrere Freunde fanden sich zum nächsten Wochenende ein, um einen gemeinsamen Ausflug dorthin zu machen. Ulla und Geraldine waren mit dabei.

Geraldine achtete sehr auf das, was geschah. Sie wollte ja spüren, was diese liebevolle Feinheit in Ullas Augen ausgelöst hatte. Sie gab sich ganz an das Geschehen hin.

Es war in der Tat eine schwere Stadt. Sie war wie in einen Nebel aus Ruß und Abgasen gehüllt, und die Menschen dort schienen schwer zu tragen, auch wenn sie nichts in den Händen hielten.

Ulla sprach eine junge Familie an, deren Kinder sich fast ziehen ließen; der Vater schaute brummig drein und die Mutter hatte rotgeränderte Augen.

„Dürfen wir für Ihre Kinder ein kleines Liedchen singen? Es ist ein Kinderlied, das schon so manchem Freude gemacht hat. Vielleicht finden sie Gefallen daran und können dann etwas leichter springen?"

Die Mutter zuckte mit den Schultern, der Vater nickte stumm, aber etwas gleichgültig. Nach dem Liedchen fassten sich die Kinder bei der Hand: „Noch eins, bitte."
Es wurde ein Kinder-Tanzlied. Sie klatschten dazu mit den Händen.

Der Mutter glitten einige Tränen der Rührung über das Gesicht. Der Vater entschuldigte sich:

„Nichts für ungut, dass sie weint. Es ist so schwer für sie. Wie viele hier, bin auch ich arbeitslos. Hier gibt es zur Zeit nicht viel zu lachen. Das merken auch die Kinder schon. Woher kommen Sie denn, dass Sie die Kinder aus der Reserve locken konnten? Sie sehen schon fast fröhlich aus.
Sehen Sie mal ...“, er zeigte auf die Kinder, ... „sie fangen wieder an zu springen. Sie hat der liebe Gott geschickt, glaube ich. Sowas hab ich an den Kindern schon lange nicht mehr gesehen.“

„Wir machen nur einen kleinen Ausflug; mal hierhin, mal dorthin, wohin es uns gerade einfällt. Schön, dass es Ihnen Freude macht. Vielleicht würden sich die Kinder freuen, wenn Sie später mal das Lied - oder ein anderes - mit ihnen singen?“

Auf dem Rückweg wurde Geraldine sehr nachdenklich. „Ulla, weißt du was? So eine spontane Veränderung in den Augen eines Menschen habe ich noch nie beobachten können ...

Was ist hier eigentlich los? Was macht ihr mit den Menschen? Mir ist, als ob das ganze Flair des Ortes ein wenig lichter geworden ist. Wie konnte das geschehen?“

Ulla lachte. „Wir, Geraldine? Wir haben nur einen Ausflug gemacht, nachdem wir im Gebet erlauscht hatten, ob das wohl dorthin in Gottes Sinne sei.

Weißt du, es ist ja nicht so ganz einfach für uns, so oft unterwegs zu sein. Nicht jeder von uns hat schon ein geregeltes Einkommen. Einige studieren noch. Da überlegen wir schon, woran Gott denn wohl Freude hätte, wenn er schenken möchte."

„Wenn Gott schenken möchte? Was hat denn nun das wieder mit euch zu tun?"

„Das ist ganz einfach. Wir beten und meditieren und öffnen unser Herz für die Liebe. Solange wir selbst noch verschlossen waren und alles nur über den Kopf erfassen wollten, ohne das Herz dafür öffnen zu können, konnten wir auf solchen Reisen nur Zuschauer sein.

Mit der Zeit waren wir fast alle so weit, uns für die schenkende Liebe so zu öffnen, dass Gottesboten die Liebeschwingung durch uns hindurch zu den Menschen fließen lassen können, so dass die leichter in der Lage sind, sie aufzunehmen.

Um die Schwingung direkt in sich hineinnehmen zu können, bedarf es der Öffnung des Herzens nach innigem Gebet. Sie fließt dann ein. Was durch uns hindurch dann weiterfließen kann, ist gewissermaßen transformierte und damit von Menschen leichter wahrnehmbare Liebestrahlung.

Glaube bitte nicht, dass wir es dann sind, die wirklich schenken. Wir lassen nur hindurchstrahlen, was durch uns hindurch geschenkt wird und sind dann so etwas wie ein Liebetrafo.

Wir haben Freude daran, das ist wahr. Dennoch freuen wir uns nur mit. Die eigentlich Schenkenden sind die Boten, die Gott gesandt hat."

„Mir ist aufgefallen, dass ihr geradeso strahlt, wie in der Stille. Ich hatte mal zwischendurch die Augen geöffnet, um zu sehen, wie ihr es macht."

„Ja, es fließt dabei die Liebe in uns ein und durch uns hindurch weiter."

„Weißt du, Ulla", meinte Geraldine nachdenklich, „ich habe mich noch nie so behütet gefühlt, wie heute. Mir ist, als ob sich ein großer Liebehut über mich gelegt hätte ... ein Hut, der sich für mich behütender anfühlt als alle anderen, die ich habe ... zum Beispiel gegen zu große Sonneneinstrahlung oder auch der zum Schutz vor Regen."

Ulla schmunzelte. „Geraldine, was du fühlst, ist die Glocke, die die Gottesboten über uns bilden, wenn wir aus Liebe-Motiven unterwegs sind. Sie bilden gewissermaßen einen großen Schirm, ja, sie sind dann Liebeschirm, ein Liebehut, unter dem wir uns alle wohlbehütet fühlen können."

Geraldine musste wieder abreisen. Ihr Urlaub war beendet; aber sie konnte mit einer Art Hut heimkehren, der nicht käuflich zu erwerben ist.
Es ist gewissermaßen ein Hut, der sich - für sie selbst unsichtbar - im Feinstofflichen selbst zu formen scheint. Das geschieht, wenn Geraldine sich in ihrem Herzen der Liebe öffnen und spüren kann,

wo wohl die Kraft aus diesem 'Hut', der sich über ihr geformt hat, Segen bringen möchte ...

Vom kleinen Drachen, der gern fliegen wollte

Es war einmal ein Himmelskindlein, das wollte nicht tun, wie der Vater wollte. Es schnüffelte hier und schnüffelte da und wollte tun, was für die Geschwister zu tun anstand. Es hat aber ja alles eine ganz bestimmte, liebevolle Ordnung beim Vatergott.

Das Lichtkindlein hatte es gar nicht so leicht, sein Vorhaben umzusetzen, denn niemand wollte so recht mitmachen, was es da vorlebte. Es war ja auch so schön, in der Harmonie zu sein. Das gefiel ihm nicht. Da gab es der Vater an einen anderen Platz.

„Du sollst dich wohlfühlen bei mir, mein Kind", sprach er. Es wollte aber auch da nicht so recht fügsam sein.

Nun gab ihm der Vater eine Chance, zu erkennen, wie schön es bei ihm war. Er gab ihm ein anderes Zuhause; eine Gegend, die zunächst noch sehr licht und klar und üppig im Blühen und Wachsen war. Aber unser Lichtkindlein gab noch immer keine Ruhe. Da musste es doch noch etwas anderes geben?

„Nun gut", sprach der Vater, „du möchtest etwas anderes kennen lernen als mein lichtes Reich, und viele deiner Geschwister möchten es dir jetzt gleichtun. So kann die Ordnung hier ja nicht sein. Ich gebe dir den Erdball. Darauf darfst du fortan wohnen."

Und siehe da: Das Lichtkindlein wechselte seinen Wohnbereich und kam auf die Erde. Der Vater gab diesem Kindlein auch eine neue Gestalt. Es durfte fortan als Drache auf dem Erdball wohnen.

Der Drache sah ein wenig anders aus als andere Kreaturen; so ähnlich wie eine Schlange, aber mit vielen Zacken obendrauf, und die Menschen, die nach und nach den Erdball bevölkerten, hatten zum Teil Angst vor diesem Tier.

Der Drache wuchs und wuchs und sprühte gelegentlich auch einmal Feuer. Viele Kinderlein sind ihm erwachsen, gewissermaßen Wahlverwandte, und diese Kinderlein schauten darauf, was der große Drache ihnen vorlebte.

Dann wurde es dem Drachen auch leid in seinem Drachenkleid, und er wollte gern wieder dorthin zurück, woher er gekommen war.

Der Vater wiegte den Kopf hin und her. „Hmm ... hmm ... mein Sohn. Hast du es dir gut überlegt? Wenn du bei mir sein möchtest, musst du in der Liebe entflammen, nicht im Feuer der Erde.
Bei mir kannst du nur in der Liebe sein, die du einst als nicht interessant genug erachtet hattest. Bist du ganz entschlossen, heimzukehren?“

Oh ja, das war der große Drache, denn er hatte inzwischen von der Liebe erneut geschmeckt. In die Liebe zurück, das wollte er.

„Gut ...“, sprach der Vater aller Geschöpfe ... „so kehre wieder heim. Du sollst aber fortan einen anderen Namen tragen und deine Wahlkinderlein in der wieder belebten Liebekraft erlösen.“

Der Vater bereitete ein großes Fest. War das ein Jubel in den Himmeln: Das einstige Lichtgeschwister wollte als Lichtkindlein heimkehren. Die Menschen brauchten vor seinem Wirken in Drachengestalt keine Angst mehr zu haben.

Was aber geschieht mit den kleinen und großen wahlverwandten Drachenkindern? Sie irren umher. So auch unser kleiner Drache, der gern alles tun wollte, um dorthin zu kommen, wo es einen anderen Namen gibt und ganz viel Licht.

„Vater, Vater, erhöre mich!“ rief der kleine Drache. „Bitte, erhöre mich doch und wandle auch mein Drachenkleid in ein Lichtkleid um.
Schenke mir Flügel, damit ich zu dir emporsteigen kann wie ein Vogel. Bitte, nimm mich doch auf in dem schönen Lichtland bei den Engeln.“

„Schon gut, kleiner Drache. So ist es recht. Wer so bittet, darf bei mir einziehen und fleißig in der Liebe wirken. Bist du bereit, deinen Geschwistern zu helfen, auch ihr Kleid wandeln zu wollen?“

„Gern“, sprach der kleine Drache, „gern möchte ich das. Wie kann ich es bewirken?“

„Mit Liebe, kleiner Drache, mit Liebe und Wahrhaftigkeit. Dein Feuer wirst du dabei verlieren, aber ich werde dir ein anderes dafür schenken: das Feuer der Liebe.“

Das Drachenkindlein hat sein Kleid gewechselt. Die Fähigkeit des Feuersprühens hat es verloren. Sein rotes Gewand hat es eingetauscht.
Es trägt jetzt ein weißes Gewand, das ihm der Vater dafür gegeben hat, und mit ihm kann es fliegen und Liebe schenken.

Das weiße Kleid ist nämlich ein Kleid der Liebe, und in der Liebe schwingt es sich leicht. Es wird nie mehr zurückwollen ins Drachenkleid.

So kam es, dass auch der kleine Drache sich wandeln und das Fliegen lernen konnte.

Sei gesegnet, Lichtkindlein ... und bete für deine ehemaligen Drachengeschwister um die Belebung der Wandlungskraft, damit sie aus ehrlichem Herzen heraus ebenfalls um ein Liebegewand bitten und ... wie du ... leichtschwingend werden können.

Was ist los im Lande Irgendwo?

Im Lande Irgendwo geht es bisweilen etwas merkwürdig zu. Gegenstände, die lange Zeit hindurch an ihrem Platze gewesen sind, sind plötzlich verschwunden, und überhaupt ist auf gar nichts mehr so recht Verlass.
Was gerade erst fertiggestellt und einem bestimmten Platz zugeordnet wurde, ist gelegentlich gleich darauf nicht wieder zu finden. Niemand kann sich dann recht erinnern, wie dies geschehen ist.

Rosamunde wohnt im Lande Irgendwo, schon seit sie das Licht dieser Welt erblickt hat, und das ist jetzt dreiundsiebzig Jahre her.
So etwas wie zu dieser Zeit hat es zuvor, soweit sie sich zurückerinnern kann, niemals gegeben, und es betrübt sie sehr.

Rosi, so wird sie liebevoll von ihren Freunden genannt, möchte herausfinden, wodurch diese Veränderung hervorgerufen worden sein mag.
Sie macht Besuche in den Häusern der Freunde.
Aber wohin sie auch kommt - eine Spur, die Aufschluss geben könnte, was es ausgelöst hat, kann sie nicht finden.

Rosi sinkt müde in ihren Sessel und sinnt nach.
Soll es denn fortan so bleiben im Lande Irgendwo, dass sich niemand so recht auf das verlassen kann, was eben noch Realität gewesen ist?

Lange sitzt sie da. Aber auch in ihren Gedanken findet sie nicht die Lösung. Rosi gibt auf. 'Dann ist die Welt eben schlecht geworden', denkt sie. 'Darein muss ich mich dann wohl fügen. Was ich aber auch noch alles erleben muss auf meine alten Tage.'

Wochen, Monate, Jahre sind inzwischen vergangen. Rosi sitzt noch immer ein wenig unzufrieden über die Wandlung ihres Lebens da. Allerdings sucht sie nicht mehr. Sie resigniert, weil das Suchen nach ihrer Erfahrung, wie sie meint, ohnehin zu nichts zu führen scheint.

Rosi ist inzwischen recht betagt. Sie nähert sich dem Alter der Achtzigjährigen und hat schon viel Zeit am Tage verschlafen, weil sie nicht mehr den rechten Auftrieb findet in dieser Welt, die für sie so seltsam geworden ist.
Da pocht es leise an ihre Tür. Ein Kindchen von etwa sieben Jahren steht davor und bittet um Einlass. Es ist dem Kinde kalt, und es hat gehört, dass hier ein altes Mütterchen wohnt, das einsam geworden ist.

„Verzeihung“, flüstert es leise, „ich wollte nur einmal nachsehen, wie es Ihnen geht. Die Leute erzählen, dass Sie so traurig sind und gar nicht mehr nach draußen gehen. Die Kinder lachen darüber. Aber ich mag nicht darüber lachen, denn meine Omi ist ja auch so, dass sie gar nirgendwo mehr hingehen mag, und ich habe sie doch lieb.“

„Ja, woher kommst du denn, kleines Mädchen?" fragt Rosi erstaunt. „Ich habe dich noch nie gesehen."

„Nein", flüstert sie, „meine Mutti sagt, dass ich ganz vorsichtig sein und zu niemand gehen soll in diesem Land.
Vorher haben wir woanders gewohnt. Aber da war es so merkwürdig, dass wir lieber weggezogen sind. Dort waren die Menschen sehr laut und haben sich geschlagen. Darum mochten wir da nicht mehr sein."

„Die Welt ist schlecht geworden", jammert Rosi, „sehr schlecht. Daran können wir nichts mehr ändern."

„Oh doch, Mütterchen", meint Agathe, so heißt dieses Mädchen nämlich, „wir können doch etwas tun.
Mir ist vor ein paar Nächten ein schöner, lieber Engel erschienen. Der hat mich getröstet und mir auch gezeigt, dass ich hierher gehen darf. Er hat mir gesagt, dass Sie den Weg finden können, der die Welt schöner macht.
Aber so schlimm ist die Welt doch gar nicht. Es ist hier nur ein bisschen schwer. Wenn ich die Menschen anschaue und sie anlache, dann lachen sie manchmal zurück. Das ist doch lieb."

"Anlachen, anschauen ...", wundert sich Rosi. „Wieso schaust du denn die Menschen soviel an?"

„Ach“, sagt Agathe, „das tu ich, weil der Engel mir das gezeigt hat. Der schaut mich ja auch an und lacht ganz lieb, und dann weiß ich, dass gar nicht alles so schlecht ist, weißt du?“
Plötzlich fällt Agathe in ein ganz vertrauliches Du, ohne es selbst recht zu merken.

„Weißt du, liebe Omi, es ist nämlich so schön, wenn mich der Engel so anschaut, und ich freue mich dann sehr.
Und da habe ich gedacht, wenn er vielleicht nicht so viel Zeit hat, die vielen Erwachsenen alle so lieb anzuschauen, dann kann ich es doch tun und ihm die Arbeit abnehmen.“

Rosi ist erstaunt. „Kindchen, wie heißt du eigentlich, und wo wohnen deine Eltern?“

„Ich heiße Agathe, und meine Eltern wohnen im Himmel. Ich habe nämlich zwei Eltern ... also die, die im Himmel sind und die, bei denen ich wohne. Und eigentlich habe ich noch einen Vater mehr, hat mir der Engel gesagt.
Er hat gesagt, dass da noch ein ganz großer Vater ist, dem ich alles sagen kann, was mir Angst macht.“

Rosi ist ganz still geworden; so still, dass Agathe denkt, sie schlafe schon wieder. Leise schleicht sie sich aus dem Zimmer, um Rosi nicht zu stören. Aber die Haustür knarrt ein wenig, und so ist Rosi auf ihr Weggehen aufmerksam geworden.

„Agathe, möchtest du denn schon wieder gehen? Erzähle mir doch noch ein bisschen von dir und von deinem Engel. Ich habe nämlich noch nie einen gesehen."

Worüber die beiden sich dann unterhalten haben, weiß ich nicht. Sicher ist aber, dass Rosi wieder ganz aufmerksam geworden ist und rosige Wangen bekommen hat, und auch, dass Agathe sie fast an jedem Tag besucht.

Und es ist auch so, dass so mancher Gegenstand, der früher von seinem Platz verschwunden war, wieder an seinen eigentlichen Standort zurückgefunden hat.
Natürlich nicht allein. Auf seltsame Weise konnten Dinge wieder zurückgeleitet werden ... und der ganze Spuk hat ein Ende gefunden.

Dazu noch eine andere Geschichte, die ganz eng mit dieser zu tun hat: Rosi ist im Himmel angekommen und wohnt in einem 'Land', in dem es sehr schön ist.

Im Himmel gibt es in einigen Ebenen nämlich ähnlich aussehende Gebiete wie auf der Erde ... mit Landschaften, in denen man wohnen kann.

Allerdings gibt es da einen Unterschied zu den Landschaften auf der Erde. Unter anderem besteht der darin, dass sie - wie ja auch die Seelen - feinstofflicher Art sind.

Rosi fühlt sich sehr wohl dort, und doch ist da noch etwas, was ihr in der Seele weh tut. Sie hat inzwischen erkennen dürfen, dass sie eigentlich nicht ganz so gelebt hat, wie es der Himmlische Vater von ihr erwartet hatte.

Sie hatte gesucht und nicht gefunden. Aber sie hatte da gesucht, wo sie nicht finden konnte und dabei ganz versäumt, dass es eine Möglichkeit gab, etwas umzuwandeln. Stattdessen war sie verzweifelt an dem Leben, das ihr nicht behagt hatte.

Nun schaut sie ganz deutlich, dass die verschwundenen Gegenstände und die Unsicherheiten im Lande Irgendwo damit zu tun hatten, dass einige Menschen mit ihrem Leben in ungünstiger Weise gespielt hatten. Sie hatten Gefallen daran gefunden, sich in sehr gefährlicher Form der Magie zuzuwenden. Viele Menschen hatten dabei vergessen, dass es ja die Liebe gab, der sie sich hätten öffnen können.

Ja, nun sind sie im Lande Irgendwo ohne die so hilfreiche Liebe zurückgeblieben, der Rosi sich hätte zuwenden sollen und durch ihr Vorleben dann auch andere dazu hätte anregen können.

Stattdessen hatte sich Rosi mit einem gewissen Groll in ihrem Herzen in ihre selbst geformte Wunschwelt zurückgezogen.
Wäre Agathe nicht gekommen, hätte sie sicher weitergegrollt und in dieses schöne Himmelland

nicht hineingelangen können, als der liebe Gott ihre Lebensuhr angehalten hat ...

Nach einer geraumen Zeit näherte sich ihr ein liebevoller Engel.

„Hallo, Rosi, erinnerst du dich noch an mich? Wir haben damals oft zusammengesessen in deinem Häuschen und miteinander geplaudert ...

Ich bin jetzt auch nicht mehr in Irgendwo. Der liebe Engel von damals, den ich im Traum erleben konnte, hat mich inzwischen heimgeholt ins Himmlische Reich. Ich darf ganz in seiner Nähe in großer Liebe wohnen.
Obwohl ... 'wohnen' kann man es eigentlich gar nicht nennen, denn es schaut da ganz anders aus als hier.

Nun durfte ich zu dir gehen und dich begrüßen, denn du hast nachgesonnen in deiner Seele und erkannt.

Es ist an der Zeit, dass du wieder zu den Menschen hinabsteigst nach Irgendwo, um die Liebe vorzuleben und den Liebefunken in ihren Herzen zu entfachen. Dabei darf ich dich begleiten.

Später einmal dürfen wir dann gemeinsam dorthin, wo ich jetzt bin. Da ist es sehr schön. Es ist ein geistiges Land der Wahrheit, in dem alles sehr klar ist. Irrtümer gibt es da nicht mehr, nur noch Liebe und Harmonie.

Aber dazu muss auch dein Seelenkleid wieder ganz licht erstrahlen. Du kannst es dann in einer dafür vorgesehenen, sehr lichten Seelensphäre ablegen, um als geistige Wesenheit, also mit dem in dir wohnenden Geistleib, in deine geistige Heimat einkehren zu können (Anmerkung: Näheres dazu kann nachgelesen werden in „Wandlungschancen zum wahren Sein" und „Sein, Ist und Werden").

Das hört sich nun ein wenig komplizierter an, als es eigentlich ist. Dein Seelenkleid bleibt dir ja dabei erhalten. Es wird gewissermaßen für dich verwahrt. Du kannst es jederzeit wieder anlegen, wenn es der Vatergott so fügen möchte.
Es ist etwas so Wunderbares ... alles dies geschieht dort mit deinem Einverständnis. Gott fragt dich, ob du bereit bist zum Dienst auf der Erde, damit er durch dich hindurch Liebe wirken kann - zum Wohl für Mensch, Natur und Kreatur.

Aber nun komm. Es ist an der Zeit, dass wir dich bereiten für deine Reise."

Hier sollte unsere Geschichte erst einmal enden. Sie kann an späterer Stelle fortgesetzt werden, denn bis es soweit ist, gibt es für Rosi und Agathe noch einiges zu tun ...

Magilines Abenteuer

Magiline ist aus dem Lande Irgendwo in das Land Überall gekommen. Sie fühlt sich zu Hause auf dem Lande und in der Stadt, im Hochhaus und auf der Insel, im Flugzeug wie auf dem Schiff.

Magiline ist fast so alt wie die Menschheit, und doch scheint sie manchmal noch ganz jung zu sein. Sie ist im Grunde ein Mensch wie andere auch, der ursprünglich, als der Vater ihn erschuf, einen ganz persönlichen eigenen Namen bekommen hatte, wie andere Menschen auch.

Von anderen unterscheidet sich Magiline in ihrer Art darin, dass sie dahin tendiert, Gedankenkräfte zu missbrauchen, weil sie andere gewissermaßen beeinflussen, also fremdbestimmen will.
Sie kann deshalb nicht zu den etwas verträumt wirkenden Menschen gezählt werden, die sich, obwohl sie eigentlich wach sind, plötzlich ein wenig wegträumen, wie es in der Träumerle-Geschichte zum Ausdruck kommt.
Magiline gefällt sich in ihrer selbsterwählten Art. Gelegentlich meint sie, damit sehr mächtig zu sein, mächtiger als alle, an denen sie ihre vermeintlichen Künste testen möchte.

Magiline hat ein Gesicht, das sehr wandelbar ist. Mal erscheint es alt und mal ganz jung, mal scheint es einem Mann ähnlich zu sehen, mal einer Frau; ja

sogar Kindergestalt nimmt Magiline gelegentlich an. Man spürt es schon: Magiline ist nicht einzig in ihrer Art.
Magilines gibt es viele auf der Welt und leider auch im Himmel, allerdings in Bereichen, die nicht den himmlischen Sphären der reinen Engel zugehören. Magiline ist in einem ganz anderen Himmel ... der im Allgemeinen nicht gemeint ist, wenn davon die Rede ist, dass alle einmal in den Himmel kommen.

Die Geschichte, die ich heute erzählen möchte, ist eine typische Magiline-Geschichte, auch wenn sie sich äußerlich von anderen unterscheiden mag ...

Die Magiline, um die es in dieser Geschichte geht, wuchs als Gertrudchen - auf den Namen hatten ihre Eltern sie taufen lassen - in einem liebevollen Elternhaus heran.
Sie hatte alles, was sie für ihr Leben brauchte ... ja, eigentlich noch mehr, denn einiges übersteigt schon die Dinge, die ein Mensch wirklich braucht, um glücklich sein zu können.
Gertrudchen hatte nicht nur liebe Eltern, Geschwister und Freunde ... sie hatten auch einen besonders schönen Garten mit einem geräumigen Haus, in dem für alle bequem Platz war, und einen Bernhardinerhund, den sie gern hatte.

Eines Tages kamen in das Haus ihrer Eltern Freunde, die geheimnisumwittert ausschauten. Sie machten ein wichtiges Gesicht und tuschelten etwas hinter der vorgehaltenen Hand.

Sie hatten etwas dabei, das Gertrudchen noch nicht kannte, und es reizte sie, es kennen zu lernen. Es war ein merkwürdiges Ding, das an einem Faden hing und hin- und herschlug, wenn man sich etwas vorstellte.
Die Besucher entnahmen diesem Ding dann eine Antwort. Das machte Gertrudchen neugierig, aber auch ein wenig ängstlich. Was für eine verborgene Kraft mochte dahinter stecken?

Die Eltern beruhigten sie: „Schau, du brauchst doch keine Angst davor zu haben. Wenn du es nicht anrührst und dich nicht weiter damit befasst, so hat es auch keine Wirkung auf dich. Vergiss es wieder, mein Kind“, meinte liebevoll die Mutter.

Aber in Gertrudchen war etwas erwacht, das wohl in ihrer Seele schon geschlummert hatte. Es reizte sie, dahinter zu kommen, welche geheimnisvollen Kräfte es wohl noch geben mochte.
Die Mutter sprach ja immer von der großen Kraft der Liebe, die der liebe Gott schenkt und davon, dass man sie im Gebet erbitten darf, diese große Liebekraft. Aber die Mutter schaute ja ganz natürlich aus und gar nicht so geheimnisvoll. Es musste also noch etwas anderes geben.

Die Zeit verstrich, und Magiline wuchs zu einem stattlichen jungen Mädchen heran. Sie schloss sich einer Jugendgruppe an, die liebvolle Ziele hatte: Es wurde gewandert und gebastelt, gewerkelt und gern an arme und alte Menschen, die sich selbst diese schönen Dinge nicht schaffen konnten, verschenkt - zum Beispiel an Weihnachten.

So war es, bis Magilan in die Gruppe kam. Magilan hatte eigentlich ganz andere Interessen, aber seine Eltern hatten gewünscht, dass er sich dieser Gruppe anschließe, und so war er nun da.

Gertrudchens Interesse wuchs. Er hatte etwas an sich, das sie irgendwie interessant fand. Gelegentlich sah er sehr versonnen und zugleich konzentriert aus, bevor er aus seiner Versenkung wieder auftauchte.
Dann beobachtete er die Menschen, denen er sich in der Versenkung gewidmet hatte, auf eine ganz bestimmte Weise ...
Merkwürdig verhielten die sich - auch in ihren Bewegungen, die Gertrudchen sonst noch nie an ihnen beobachtet hatte und sagten Dinge, die ihr fremd vorkamen.

„Was ist mit ihnen los?", fragte sie Magilan. „Kannst du dir das erklären?"

„Oh ja", meinte er überheblich, „das kann ich. Hast du noch nie was von Gedankenkraft gehört? Damit hast du Macht über die Menschen. Aber für so etwas bist du ja viel zu klein und viel zu brav. Das ist was für Menschen, die was sind," brüstete er sich.

Dabei sah er aber eigentlich gar nicht glücklich aus ... eher unglücklich und unzufrieden ...

Die Hände hatte er zumeist in den Hosentaschen vergraben, als seien sie zu schade für diese Welt, als wolle er sie ganz für sich nutzen, für Spiele, die Gertrudchen noch fremd waren.

Seiner Herausforderung konnte sie nicht widerstehen. Sie sann darüber nach. Von nun an beobachtete sie sein Tun genauer.

Er wirkte oft wie abwesend, obwohl er nicht einfach verträumt zu sein schien, wie sie es von vielen anderen Menschen kannte.

Für die Gruppe war er eigentlich mehr ein arroganter Mitläufer, der damit anderen vermitteln wollte, wie dumm sie zu sein schienen, wie langweilig sie ihm doch seien.
Er versuchte, seine ihnen nicht vertrauten Spiele auf seine Weise gelegentlich auch mit ihnen zu treiben.

Manche konnten sich zunächst nicht so recht dagegen wehren ... manchmal ganz einfach deshalb nicht, weil sie nicht wussten, dass sie sich mit ihrer eigenen Willenskraft, die sie vor solchen Übergriffen schützen würde, dagegen abgrenzen könnten.

Gertrudchens Neugier allerdings entbrannte immer mehr, was Magilan reizte, sich mit seinen vermeintlichen Künsten noch mehr vor ihr aufzuspielen ... hatte er in ihr doch so etwas wie eine Bewunderin gefunden ...

Da sah sie, wie Magilan plötzlich aus dem Fenster schaute und einen Jungen anstarrte, der auf dem Spielgelände mit dem Roller fuhr.
Er starrte ihn so lange an, bis der plötzlich vom Platz auf die Fahrbahn fuhr. Reifen quietschten, ein Auto bremste abrupt auf der Straße, und der Fahrer schimpfte den Jungen aus:

„Pass doch auf, du Lausbub! Beinahe hätte ich dich überfahren!“

Der Junge war erstaunt, schien wie aus einem Traum zu erwachen und gar nicht recht zu wissen, was eigentlich geschehen war.

Magilan indessen meinte stolz: „Hast du gesehen, wieviel Macht ich über ihn habe? Er tut, was ich will und vergisst dabei sogar, was er gelernt hat.“

Stolz aufgebläht verkündete er noch einmal, wie viel Macht er über die Menschen zu haben meinte.

Gertrudchen war entsetzt, aber zugleich reizte es sie so sehr, dass sie ebenfalls ein Spielchen wagte. Sie dachte ganz fest an ein Mädchen, das mit einem Puppenwagen neben einem anderen Mädchen fuhr ... bis es dem anderen Mädchen seine Puppe aus dem Wagen nahm und in den Sand warf.

Die Puppenmutti weinte und konnte das gar nicht verstehen. Schließlich schlug sie auf das Mädchen ein und schimpfte es ganz unangenehm mit Worten, die sie sonst selbst nie gebraucht hatte.

Gertrudchen jubelte. Jetzt wusste sie, dass das, was Magilan behauptet hatte, wirklich funktionierte. Auch sie hatte also Macht, andere zu beeinflussen.

In ihr fühlte es sich ganz anders an als sonst. Selbst die Gebete, die die Mutter sie gelehrt hatte, bedeuteten ihr nichts mehr, als sie sich am Abend noch einmal an das Geschehen erinnerte. Hatte sie nicht einen Beweis, dass sie selbst mächtig war? Sie sonnte sich im Hochmut.

Ihr Stolz über ihre vermeintlich große Kraft wuchs. So entwickelte sich ... selbst so gewählt ... unversehens eine Magiline aus Gertudchen.

Was weder Magiline noch Magilan bedachten, war, dass ihre vermeintliche Macht sehr begrenzt war, weil kein Segen auf ihren Taten lag ...

Zur Situation des Jungen mit dem Roller sei hier angemerkt, dass sein Schutzengel schlimmeres Unheil abwenden konnte, so dass der Junge mit dem Roller schließlich unverletzt mit dem Schrecken davongekommen war.

In dieser Nacht schlief Magiline schlecht. Sie träumte, dass ihr ein Engel erschienen war, der sie daran erinnerte, dass sie ein Geschöpf der Liebe sei und dass in der Liebe Gutes gewirkt werden sollte.
Der Engel hatte ihr nahe gelegt, mit diesen Spielen, die niemand glücklich machen können, ganz schnell wieder aufzuhören.

Kein Mensch könnte die Folgen derartiger Spiele - selbst verantwortlich für sein Tun - wirklich in letzter Konsequenz vorausbestimmen.

Magiline erwachte und nahm sich vor, alles gut zu machen - und sie hatte auch gleich einen Einfall dazu. Ganz fest wollte sie an das Kind denken, um es dazu zu bewegen, dass es nun eine Puppe von sich dem anderen Kinde schenken sollte.

Als sie wieder einmal aus dem Fenster schaute, lagen tatsächlich zwei Puppen im Wagen. Das Mädchen, an das sie gedacht hatte, fuhr ein Stofftierchen spazieren. Eine eigene Puppe hatte es nicht mehr.

In der folgenden Nacht gab es wieder einen Traum. Diesmal sah er aber ganz anders aus ...
Magiline fühlte sich darin unsicher, wusste eigentlich nicht so recht, wie es weitergehen könnte. Obwohl sie niemanden sah, scheinbar ganz allein war, hatte sie das unangenehme Gefühl, als ob irgendetwas in ihrem Denken und Wollen sie verunsichern würde ...

Schließlich erschien ihr erneut der Engel.
„Na, Gertrudchen, hast du jetzt gespürt, wie es ist, wenn ein Mensch einen anderen durch Gedankenkraft beeinflusst? Überlege gut, was du möchtest. Solche Spielereien sind nicht in der Liebe.“

Der Engel nannte sie bei ihrem Namen. ‘Magiline’ ist ja im Grunde mehr ein Begriff, der ihrem Tun gemäß ist, solange sie sich so intensiv der Magie zuwendet, dass ihr anderes kaum noch wert scheint, beachtet zu werden.

„Aber ich wollte doch nur wieder gutmachen, was ich angerichtet hatte."

„Ja, das sehe ich, aber es ist dennoch nicht in der Liebe. Schau, der große Vater der Liebe, der dich geschaffen hat, lässt alle Menschen frei in ihrem Denken und Fühlen. Was du tust, ist also nicht in seinem Sinne. Du könntest ihn aber im Gebet um Rat bitten."

Magiline erwachte mit trotzigen Gefühlen. Nun hatte sie endlich einmal ein tolles Abenteuer mit Gedankenspielereien, und prompt erschien ihr ein mahnender Engel in der Nacht. Nein, sie wollte nicht mehr beten, und von dem Engel wollte sie nichts mehr wissen.

Verstärkt wollte sie sich Magilan zuwenden, dem sie allerdings schon zu langweilig geworden war, und es dauerte nicht lange, bis Magilan ganz wegblieb. Er hatte sich einen anderen Kreis gesucht, von dem er sich neue Aufmerksamkeit erhoffte für seine Spielereien. Dort fühlte er sich wichtig, denn da bewunderte man ihn noch wegen seiner Gedankenkünste.

Magiline fühlte sich allein gelassen. Und wieder erschien ihr der Engel: „Du denkst nach, Gertrudchen. So ist es recht. Schau, lass doch diese Machtproben mit Gedanken. Es könnte sonst sein,

dass du selbst durch diese Erfahrungen hindurchmüsstest, dass das, was du anderen zudenkst, wie ein Bumerang zu dir selbst zurückkommen könnte, wenn du dich ganz mit solchen Kräften verbindest.
Es sind keine Liebekräfte, und so ist es ihnen auch einerlei, wen sie damit belästigen. Ihr Ansinnen ist es allein, Macht auszuüben."

Nun ersann sich Magiline ein neues Wirken, und das sollte ganz in der Liebe sein. Der Engel würde schon mit ihr zufrieden sein, wenn er die Erfolge sähe.

Magiline lauschte sorgsam auf Gespräche in ihrem Umfeld. Wenn sie merkte, dass es einem Menschen schlecht ging, dann dachte sie solange an ihn und solange daran, dass es ihm gut gehen sollte, bis sie merkte, dass es zu klappen schien.

Wenn sie sah, dass ein Mensch so arm war, dass er sich Dinge, die er sich wünschte, selbst nicht beschaffen könnte, beeinflusste sie Mitmenschen, es ihm zu schenken.

Einer Frau verhalf sie zu beachtlichem Geldzuwachs, indem sie eine Kassiererin bei der Bank beeinflusste, sich zu verzählen.

Dass es dieser dann bei der Abrechnung gar nicht wohlerging, bedachte sie dabei nicht. Sie sonnte sich in ihrem Tun und meinte, nun wirklich ganz in der Liebe zu sein. Sie tat doch mit ihrer Gedankenkraft wirklich nur Gutes ...

Wirklich? Kann es Liebe sein, anderen Menschen diese Chance zu nehmen, ihr Leben zu meistern und nach Lebenswegen zu suchen, die in der Liebe sind?

Können Menschen bei einem solchen Verhalten wirklich weiterkommen in ihrem Leben? Wollen sie eine solche Einmischung überhaupt?

Magiline suchte sich auf ihre eigene Weise eine Form von Magie, mit der sie nur Gutes tun wollte und wurde selbst dabei allmählich kraftlos.
Eigentlich sah sie auch keine so rechte Freude mehr in ihren Augen, wenn sie in den Spiegel schaute, sondern eine ihr fremd vorkommende Selbstwohlgefälligkeit.

Sie war so sehr in diesen Sog mit den magischen Kräften hineingeraten, dass sie daraus kaum einen Ausweg fand - den sie allerdings eigentlich auch gar nicht mehr suchte.

Aber eines vermisste sie sehr. Das war die liebe Stimme ihres Engels, der gelegentlich zu früherer Zeit im Traume zu ihr gesprochen hatte. Weshalb zeigte er sich nicht mehr? Könnte er nun nicht zufrieden sein mit ihr ... ?

Ja - hatte Gertrudchen im Magiline-Wirken ihren Engel denn wirklich verstanden? War mit seinen wohlmeinenden Hinweisen nicht etwas ganz anderes gemeint gewesen?

Womit könnte Magiline jetzt geholfen werden?
Dieser Magiline - oder einer anderen - oder einem Magilan? Wenn die Geschichte recht verstanden worden ist, wird sich eine Lösung finden lassen.

Vielleicht wird auch Gertrudchens Wunsch nach der lieben Stimme ihres Engels dazu beitragen können, die wahrhaft gelebte Liebe wieder zu suchen und erkennen zu lernen.

Arroganzia

Leopoldine ist gerade siebzehn Jahre alt geworden und freut sich ihres Daseins. Schön ist es hier im Gebirge bei den lieben Leuten, die sie aufgenommen hatten, als ihre Eltern während ihres gemeinsamen Urlaubs tödlich verunglückt waren.

Das ist nun schon zwölf Jahre her. Die lieben Leute sind jetzt selbst nicht mehr so ganz jung und der Meinung, dass Leopoldine in die Stadt ziehen sollte, um eine schöne Ausbildung erhalten und ihren Lebensunterhalt selbst bestreiten zu können.

So kam Leopoldine nach Arroganzia im Lande Irgendwo. Arroganzia war eine sehr beeindruckende Stadt; fast so etwas wie eine Metropole. Viele Hochhäuser gab es hier und so viele Leute, wie sie noch niemals zuvor gleichzeitig gesehen hatte.

Leopoldine bewarb sich als Hausmädchen. Das war etwas, was sie schon konnte und womit sie ihren Lebensunterhalt zunächst einmal bestreiten könnte. Später einmal wollte sie für ein Studium zusammensparen, was sie dafür benötigen würde. Sie war ja bescheiden und sehr naturnah aufgewachsen.

Arroganzia hingegen war so sehr geschäftig, dass es sie manchmal ängstigte. Aber sie würde sich hier schon einleben, wenn sie erst Freunde gefunden hätte, mit denen sie sich auch einmal ein wenig ausplaudern könnte. Deutlich spürte sie, dass sie nicht wieder zurückkehren wollte in die Berge zu den sie behütenden, lieben Menschen. Sie spürte, dass es hier eine ganz bestimmte Aufgabe für sie gab, die sie bisher noch nicht so ganz erkannt hatte.

Ganz anders war es mit Susanne. Sie war in Arroganzia aufgewachsen und hatte keine so große Mühe damit, die Menschen hier zu verstehen.
Ihre Schulzeit konnte Susanne mit für sie interessanten Freunden verbringen und hatte viel mit ihnen unternommen. Für sie war die Hektik hier in Arroganzia ganz normal.

Bei einem Spaziergang im Park begegneten die beiden so unterschiedlich empfindenden jungen Mädchen einander. Susanne begann das Gespräch:

„Na, bist du neu hier? Ich habe dich hier noch nicht gesehen, obwohl wir wohl ziemlich gleich alt zu sein scheinen. Warst du schon mal im Dorado oder im Lido? Tolle Sache, da kann man flott tanzen."

Es war gut gemeint, aber Leopoldine war ziemlich erstaunt. Tanzen hatte sie nie gelernt und bisher auch gar keine Neigung gehabt, in Lokale zu gehen.

Susanne nahm sie mit zu ihren Freunden. Schließlich hatte sie ja erfahren, dass Leopoldine hier noch fremd und allein war.

Susanne reizte die etwas andere Lebensart, die Leopoldine zu leben schien und die ihr fremd war. Mit der Zeit freundeten sich die beiden an.

Hmm ... das erwies sich als schwierig. Alle Freunde, die Susanne als interessante Typen so sehr hervorgehoben hatte, waren so ganz anders interessiert als Leopoldine. Lars zum Beispiel hatte sie neulich angesprochen, weil er mit ihr ‘schwofen’ gehen wollte.

„Schwofen?“, fragte sie erstaunt, worauf er trocken meinte: „Oh, oh, du musst wohl noch viel lernen, bevor du hier für voll genommen werden kannst. Bist wohl ‘ne Provinzlerin, was?“

In Arroganzia ging es bunt, laut und schillernd zu. Emsiges Treiben mischte sich hier mit Müßiggang.

„Pass dich doch mal an uns an. Oder willst du hier ewig allein ‘rumhocken?“, meinte Lutz zum so und so vielten Male. „Bist ja ‘ne komische Zicke. So alt bist du doch noch gar nicht. Nimm dich mal selbst an die Leine und komm mit.“

Leopoldine wusste nicht mehr so recht, ob sie diese Kontakte so sehr wünschte. Dennoch holten sie sie überall ein: bei ganz fremden Menschen im Bus, durch Menschen an der Registrierkasse im Kaufhaus ...
Was immer sie hörte und schaute war so sehr überheblich, dass sie sich mehr und mehr in sich selbst zurückgezogen fühlte.

Was war dies hier für eine Stadt? Sollte sie es lieber einmal woanders versuchen? Vielleicht nur in einem anderen Teil der Stadt? Sie könnte sich zum

Kinderhüten anbieten oder zum Einkaufen für alte Menschen. Ja, wo waren denn hier die Menschen zu finden, denen sie sich widmen könnte?

„Ach, Leopoldine“, erklang es da in ihrem Inneren ganz vorsichtig und ganz sanft. „Bitte, verzage nicht und suche weiter. Gerade du wirst hier so dringend gebraucht, auch wenn du selbst es ganz anders empfinden magst.
Schau, viele der lieben Leute hier in Arroganzia kommen, wie du, aus einer Welt der Liebe. Das heißt, bevor sie hier nach Arroganzia hineingeboren wurden, waren sie im himmlischen Land der erkennenden Liebe.
Ja, und aus dem Land heraus nach Arroganzia zu kommen, bedeutet schon ein gutes Stück Umstellung. Du hast Glück gehabt, Leopoldine, dass du einige Zeit hindurch abseits von Arroganzia aufwachsen konntest. Bitte, verzage nicht.“

Was war denn das? Hatte sie in sich noch eine weitere Leopoldine, die ihr dies einflüsterte? Wie auch immer ...

Leopoldine blieb in der Stadt Arroganzia und mühte sich redlich. Irgendwie wusste sie, dass sie gegen ihre Natur handeln würde, wenn sie Arroganzia verließe.
Irgendwie war ihr klar, dass sie an alledem nicht verzweifeln sollte, sondern etwas ganz anderes in ihrem Leben entdecken könnte; etwas, das in der Liebe wäre ...

Es schien etwas ganz anderes zu sein, als sich selbst hervorzutun, andere zu belächeln und abzuwerten. Es könnte etwas sein, das mit der Selbstübersteigerung, die sie hier in Arroganzia spürte, nichts gemein hatte, aber hier mit integriert werden mochte. Was könnte das nur sein?

Leopoldine schaffte es, sich ein Studium zu erarbeiten. Mühsam, sehr mühsam war das, aber es wurde möglich. Sie kam an eine Universität, an der sie Soziologie studieren wollte.
Aber auch das war zunächst ganz anders, als sie es erwartet hatte. Ihr war es darum gegangen, die Welt mit allem, was sie bot, verstehen zu lernen. Das hatte sie sich vorgenommen.

Nun ein Zeitsprung in unserer Betrachtung.
Leopoldine war inzwischen sechsundvierzig Jahre alt geworden und hat es geschafft, die Erkenntnisse aus ihrem Studium in einem Beruf umzusetzen. Die Arbeit machte ihr Freude und ihr Einfühlungsvermögen wuchs von Jahr zu Jahr. Sie glaubte die Menschen zu verstehen, obwohl sie immer wieder einmal ins Erstaunen fiel.

Zu der Zeit lernte sie Gerhard kennen. Gerhard war Förster und hatte seinen Urlaub in der Stadt verbracht. Zunehmend zog es sie zu ihm hin. Sie wusste selbst nicht recht, was es eigentlich war. Gerhard deutete ihre Zuneigung so, dass sie persönliches Interesse an ihm gefunden hätte. Er war unverheiratet. Das heißt, jetzt war er es, denn seine Frau Isabell, die er sehr geliebt hatte, war vor acht Jahren bei einem Unfall ums Leben gekommen. Ebenso seine zwei kleinen Söhnchen.

In Leopoldine erwachte etwas, das sie nicht recht deuten konnte. Mitleid war es eigentlich nicht, denn es ging Gerhard ja gut, und er hatte eine Heimat, die so ganz anders schwang als Arroganzia.

Warum fühlte sie sich so sehr zu ihm hingezogen? Vielleicht wollte sie doch entweichen, der Großstadt den Rücken kehren und wieder zurück in die Berge ziehen? War es das? Sie wusste es nicht.

Eines Tages half ihr Gerhard erkennen. Er hatte sich gewundert, dass Leopoldine so ganz allein in einer Stadt wie Arroganzia leben mochte und sie eingeladen, doch zu ihm in seine Bergheimat zu ziehen. Er könne sie gut beschäftigen. Es gäbe viel zu tun und in der Dorfschule sei ein Notstand an Lehrkräften.

Ganz davon abgesehen, dass er Leopoldine sehr mochte und etwas an ihr schätzte, das er wiederum selbst nicht bezeichnen konnte, wollte er ihr helfen.

Leopoldine überlegte nicht lange. Was konnte sie denn in Arroganzia halten? Wäre sie hier nicht viel glücklicher?

In der Nacht war ihr, als nähere sich ihr eine sehr feine, sehr lichte Gestalt. Diese Gestalt nahm in der

Ruhe des Hauses immer mehr Form an und Leopoldine schien es, als suchte sie ein Gespräch mit ihr. Sie lauschte ...
Angst brauchte sie davor nicht zu haben. Das fühlte sie. Die Gestalt war licht und sehr feinschwingend, wie reine, ganz im Inneren zu spürende Liebe.
Ihr war, als redete diese Gestalt sie an und als stellte sie sich ihr mit Namen vor. Agathe nannte sie sich und es schien so, als ob sie sich schon sehr lange kennen würden.

Hmm ... Was wollte ihr Agathe denn vermitteln? Es war ihr eine so heilige Schwingung, dass sie ganz ehrfurchtsvoll nachspürte, wo ihr diese Schwingung, die sich Agathe nannte, wohl schon begegnet wäre ...

„Leopoldine, du bist im Lande Irgendwo. Du wunderst dich ein wenig über das Verhalten der Leute in Arroganzia?
Schau, Leopoldine, Arroganzia ist nur der Name der Stadt, in der Arroganz so sehr gehäuft vorkommt. Das ist eine zurzeit leider sehr verbreitete Eigenart im Lande Irgendwo.

Bitte, verzweifle daran nicht, Leopoldine. Hilf den Menschen, zu verstehen, dass auch sie einander verstehen lernen sollten, um in ein Miteinander hineinfinden zu können, das ein Füreinander mit beinhaltet.
Die Stadt leidet, Leopoldine. Sie leidet an der Überheblichkeit, am Hochmut, an der Arroganz gegenüber anderen.

Schau dich gern einmal näher um in dieser Stadt, die du selbst als Lebensraum für diese Erdenzeit gewählt hast. Du wirst bei näherem Erspüren in ihr Menschen finden, die ähnlich fühlen wie du.

Bitte, hilf, diese Stadt aus dem ein wenig herausführen zu können, was ihr diesen Namen gegeben hat.“

Die Stimme schwieg, und ihr war, als sei sie ihr so vertraut wie kaum etwas anderes.

Am nächsten Morgen lächelte Leopoldine Gerhard an. Ihre Sätze waren klar und entschieden:

„Danke, Gerhard, für die schöne Zeit hier in den Bergen. Danke für die Einladung, bei dir einziehen zu dürfen. Danke für das Angebot, in der Schule mit unterrichten zu können ... Danke für all die Liebe, die ich hier erfahren habe. Aber morgen möchte ich wieder abreisen. Heimreisen nach Arroganzia. Dort, lieber Gerhard, das fühle ich deutlich, ist mein Platz zu dieser Zeit. Dort bin ich zu Hause. Dort habe ich meinen Beruf. Bitte, komm mich dort einmal besuchen.“

‘Beruf?’... klang es in ihr nach ... ‘Beruf?’ ... Ihr war, als spürte sie ganz tief in ihrer Seele so etwas wie: „Berufung, Rosi, Berufung.“
... ‘Rosi?’... Wer war denn das ...?

Daheim in Arroganzia ging es ihr danach besser als vor ihrer Reise in die Berge.

In ihr sang es immer häufiger. Plötzlich aufklingende Melodien formten sich in ihrem Inneren zu Reimen. Und wenn es einmal besonders schwer schien in Arroganzia, konnte Leopoldine plötzlich lachen.

Verzweifeln - das spürte sie - nein, verzweifeln wollte sie nicht.

In ihrem Umfeld schien es klarer und harmonischer geworden zu sein. Die Menschen taten sich nicht mehr so hervor. Es waren richtige Gespräche möglich geworden, in denen jeder mal zu Wort kommen konnte.
Und es war möglich geworden, schweigend nebeneinanderher zu gehen und es zu genießen, wenn die ersten Frühlingsboten im Park auf sich aufmerksam machten mit Gezwitscher und zartem Blütenduft.

Und wieder einmal hörte sie in sich die fröhlich klingende Stimme. Diesmal sah sie zwar keine Gestalt, aber ihr war, als sei es wieder die Schwingung von Agathe. In ihr formte sich ein kleines Lied:

„Rosi hat's geschafft, Rosi hat gelacht. Leopoldine hat sich entschieden, Leopoldine ist geblieben."

Es klang so fröhlich, so heiter, so mutmachend, dass Leopoldine es wie ein Kleinod in sich bewahrte.
Und stets, wenn es wieder einmal schwierig schien, erklang in ihr erneut dies kleine Liedchen.

Olga und Hans

Gottesbote / Gotteseiferer

Zwei Brunnen gleicher Beschaffenheit möchten bedient werden. Sie sind Hans und Olga von Gott anvertraut worden. Es sollten daraus Menschen, Tiere und Pflanzen gelabt werden.

Hans senkt in unermüdlicher Folge sein Schöpfgefäß in die Tiefe. „Kommt, Leute, kommt alle her. Ich kann euch erquicken."
Sehr schnell teilt er das Lebenselixier aus, und Mensch und Tier drängen sich darum. Dabei wird Wasser verschüttet. Es benetzt den Boden und sickert wieder in ihn ein.

Hans ist ein Eiferer Gottes, möchte aus vollen Händen verschenken und keine Mühe scheuen. Er schöpft und teilt aus; teilt aus bis er selbst völlig erschöpft ist.

Mit sich zufrieden schaut er zurück auf den Tag. Hat er seine Sache nicht gut gemacht? Nun wird der Vater sich aber freuen.

„Hans", spricht es da sanft in seinem Inneren, „Hans, wo ist der Trunk geblieben, den ich zu deiner Erquickung gegeben hatte?"

Ja, wo ist der denn? Wie war das man noch? Wem hatte er ihn gegeben?

„Hans“, mahnt es leise noch einmal. „Hast du nur aus dem Brunnen geschöpft, den ich dir dafür anvertraut habe?
Hast du aus deiner eigenen Mitte mit geschöpft und verschenkt von dem, was ich für deine Entwicklung und Reife hineingegeben hatte?

Hast du hausgehalten mit der Kraft, die ich hineingeschenkt habe? Hast du die Zeit mit vergeben, die ich dafür erwählt habe?
Spürst du, dass du den Lebensquell übereifrig vergeben hast? Schau, manches ist dabei vorbeigeflossen, verschüttet.

Wo ist die Kraft, die ich für dich bereitgehalten hatte? Ich brauche dich noch, Hans. Ich brauche dich noch eine ganze Weile ... nicht nur für einen vermeintlich großen Schub, nach dem wegen Erschöpfung alles vorbei ist ... Ich brauche dich in heiterer Gelassenheit.“

‘Was war das da eben in meinem Inneren?’, überlegt müde und wie ermattet Hans.

Olga sitzt an dem Brunnen des Herrn und teilt noch immer das ihr Anvertraute aus. Ganz ruhig und stillvergnügt schenkt sie aus von dem kostbaren Quell.

Es drängen sich nicht so viele auf einmal um sie und das kostbare, ihr verfügbare Gut, denn von Olga geht eine Ruheschwingung aus, die auf die

Wartenden abstrahlt. Sie wissen: Alle werden zur rechten Zeit bekommen, was sie benötigen, denn Olga erschöpft sich nicht so leicht. Sie nimmt in Ruhe und Gelassenheit die Gaben des Herrn an und weiß: Er wird alles recht fügen.

Am Abend kommt Olga fröhlich heim. Es war ein langer Tag, aber eigentlich war es gar nicht anstrengend. Sie hat nichts verschüttet. Alles ist in Gelassenheit dorthin gelangt, wohin es der Vater verschenken mochte.

Freudig geht sie ins Gebet, in ein Zwiegespräch mit dem Vater - an jedem Tag in gleicher Frische, denn sie hat nur gegeben, was er gegeben hat. Und das ist reinste Liebekraft.

Hans und Olga sind zur Ruhe gegangen. Sie sind ihrem Schöpfer jetzt ganz nah. Nun stellt der Herr die Rätselfragen.

„Na, liebe Kinder, was meint ihr wohl: Aus welchem meiner Brunnen konnte ich durch euch wohl wahrlich zum Wohle meiner Kinder zur jeweils rechten Zeit die Menschen laben, die ich gerade laben wollte?
Zum Schöpfen aus meinem Brunnen fürs Erdensein habe ich nur die Hände meiner Kinder.

Wie fühlt ihr euch, liebe Kinder? Kann ich noch eine weitere Zeit auf dich, liebe Olga und dich, lieber Hans, zählen?

Ich liebe euch. Niemals ist das Maß, das ich euch zumesse, zu groß oder zu schwer. Ihr selbst seid es, die dieses gelegentlich schwerer machen, weil ihr meint, dass ihr das Gefäß, das ich fülle, auch selbst mit hineingeben müsstet.

Wie ist es: Fühlt ihr euch bereit zu neuer, frischer Tat?“

Elefantus Löwenherz

In der Steppe des Kaukasus lebte einst ein Elefant mitten unter den anderen Elefanten. Er hatte Zähne aus Elfenbein wie seine Brüder und Schwestern auch, und er hatte einen langen Rüssel. Ja, den hatte er, und um diesen Rüssel geht es hier in unserer Geschichte.

Elefantus wachte sorgsam über Elefantrine. Ihr galt nämlich sein ganz besonderes Interesse. Elefantrine mochte gern schöne Kräuter und hatte so einen Unterton beim Trompeten, der Elefantus sehr ans Herz gegangen war. Ansonsten war Elefantrine sehr schweigsam. Schweigsamkeit ist ja eine edle Tugend - solange es nicht eine Schweigsamkeit ist, die ausdrückt, dass einen die anderen eigentlich alle nichts angehen.

Elefantrine beherrschte ihre Tugend, die ihr von Gott geschenkt war und achtete sie sehr. Sie wollte nicht leichtfertig verspielen, was andere erst mühsam erringen müssen. Es ist ja so, dass die meisten Elefanten gern von sich reden machen. Sie sind ja vornehme Leute. Wenn ein Elefant anfängt zu trompeten, dann sollen es gleich alle wissen, was er da zu sagen hat, und alle sollen bitte auch zuhören, wie wichtig das ist.

Elefantus wusste sich in der Trompetenkunst gut zu äußern. Er hatte eine gewählte Trompetensprache errungen und wusste sie mal lauter und mal leiser einzusetzen.

Elefantrine zog durch den Plan der Ebene, auf der sie lebte und war es so zufrieden. Sie konnte gut zuhören und drängte sich nicht auf. Gut konnte sie auch einmal die schöne Einsamkeit genießen und ganz einfach auf das lauschen, was ihr zugeraunt wurde von unsichtbaren Feenwesen.

Ganz anders Elefantus. Er dachte bei sich: Was mochte Elefantrine treiben auf ihren Wanderungen, auf denen sie ihn nicht mitnahm? Gab es womöglich noch einen Elefantus an ihrer Seite, den er noch nicht kannte? Sicher würde es ihn geben.
Was dachte Elefantrine eigentlich so im Stillen? Mit wem unterhielt sie sich, wenn sie keinen anderen Elefanten um sich hatte?

Elefantus litt sehr unter seiner Halbwissenheit, denn direkt unwissend konnte man einen so feinen Herrn mit einer so vollen Trompetenstimme ja nicht nennen.
Elefantrine merkte von diesen Sorgen nicht viel. Sie war ja nicht so wie Elefantus glaubte und konnte es von daher gar nicht merken.

Elefantus erdachte sich einen Trick. Bei der nächsten großen Elefantenversammlung wollte er sehen, dass er einen Platz neben Elefantrine fand.
Und siehe da, es geschah wie gewünscht. Schwupp, ehe sichs Elefantrine versah, hatte Elefantus sie mit

seinem langen Rüssel gepackt und hielt sie zärtlich fest. Elefantrine war ein bisschen scheu. „Oh, Elefantus, so vor allen Leuten ...“ Wenn ihre Haut nicht so dick und so grau gewesen wäre, hätten alle sehen können, wie sehr sie errötete.

Elefantus merkte das nicht. Er hatte seine Elefantrine lieb und wollte sie ganz nah haben. Er stellte sich gern auch hinter ein Gesträuch, wenn einmal eines da war und beobachtete seine Liebste.
Was hatte sie nur davon, so allein zu sein? Gewiss, ganz gewiss würde gleich der andere Elefantus kommen und mit ihr den Rüsselschwung tauschen.

„Elefantus“, erklang es da ganz sanft, „Elefantus bist du etwa eifersüchtig? Schau, auch Eifersucht ist eitel. Eifersucht ist eines Elefanten nicht würdig. Komm heraus aus deinem Versteck und geh zu deiner Weide zurück.“

Woher kam diese Stimme? Elefantus vermochte es sich nicht zu erklären. Es war niemand zu sehen.
‘Na gut, dann war es wohl die Wirkung zu großer Sonneneinstrahlung. Ich werde mich wohl schützen müssen’, meinte Elefantus.

„Elefantus, was sind denn das für Gedanken? Du hast eine dicke Haut und solltest nicht so mimosenhaft sein. Schau, ein sensibles Gemüt ist für Elefanten sehr günstig. Darum seid ihr auch alle gut damit versorgt. Aber bitte, sei doch vernünftig und lass Elefantrine ihre Wege gehen. Sie lauscht auf die Stimme, die im Inneren zu ihr spricht. Wenn du sie verstehen möchtest, mühe dich, es nachzuerspüren in deinem Herzen, Elefantus."

Im Herzen des Elefanten aber sah es seltsam aus. Es war ganz anders geartet als das seiner Geschwister. Es sah aus wie das Herz eines Löwen und so benahm sich Elefantus auch; wie ein Löwe, gar nicht seiner Art gemäß. Er stellte Elefantrine weiterhin nach und wollte sie für sich allein haben.

„Elefantus, du solltest wissen, dass du dir vom Schöpfer gewisse Aufgaben erbeten hast. Bitte, überwinde deine Ansprüche und gib die Eifersucht auf. Es lohnt ja nicht."

Elefantus war gekränkt. Ob es sich lohnte, vermochte niemand zu beurteilen als er selbst - schmollte er. Dann überwältigten ihn seine aufgewühlten Gefühle, aus denen heraus er einen Entschluss fasste:

Er wollte sich nehmen, was er begehrte. Schließlich hatte er einen Anspruch darauf, das zu tun, und er wollte es allen zeigen, dass er, Elefantus, der Große mit der starken Trompete war.

Alle sollten wissen, dass er trompeten würde, wann er wollte, was er wollte und wo er es wollte. Jawohl, das wollte er!
Sein Herz empfand schließlich wie das eines Löwen, und ein Löwe war der König der Tiere. Ja, und ein König konnte bestimmen, was recht und unrecht war und wo er Besitzansprüche hatte.

Zu dumm nur, dass er nicht sehen konnte, woher ihm die Stimme ins Gewissen redete ... Was fiel der nur ein? Sie sollte dahin gehen, wo sie gehört werden wollte. Jawohl!

„Elefantus", erklang es erneut, „Elefantus, auch das ist eitel. Mit Eitelkeit erringst du nicht wahrlich, was du dir wünschst. Elefantrine wünscht für alle die Freiheit des empfindenden, freilassenden Herzens. Sie ist dir ja von Elefantenherzen zugetan."

„Was sagst du da?", schmollte es ärgerlich aus Elefantus heraus. „Mir zugetan? Nein. Nein, das glaube ich nicht."

Und schon suchte der besitzergreifende Rüssel wieder nach Elefantrines Rüssel. Schließlich war man ja wer und ließ sich nichts einreden.

Elefantrine zog ihren Rüssel scheu zurück. „Elefantus", hauchte sie, „du tust meinem Rüssel weh."

Elefantus verstand das nicht. Wenn es ihm nicht wehtat, konnte es ja wohl auch Elefantrine nicht wehtun.

„Elefantus", klagte Elefantrine, „ich kann dich so nicht um mich haben. Bitte, gib mir meinen Rüssel frei."

„Oh, nein, meine Liebste", röhrte Elefantus. „Gerade das will ich ja nicht. Du gehörst mir, Elefantrine, und ich halte dich mit meinem Rüssel so fest, wie ich dich festhalten möchte.“

Viele, viele Jahrzehnte und schließlich Jahrhunderte sind vergangen. Elefantus hat längst das Zeitliche gesegnet und ist in den Tierhimmel zurückgekehrt.

Ja ... und was so eine rechte Elefantenseele ist, die etwas auf sich hält, berät sich mit dem Schöpfer.

„Vater, war denn das wirklich so schlimm, dass du mir Elefantrine wegnehmen musstest?“

„Ja, Elefantus, das war es, denn schau: Ich habe einem Jeden die Freiheit des freien Willens geschenkt, als ich es geschöpft habe. Du aber hast ihn bei Elefantrine eingeengt.
Dabei wollte sie ja gar nichts Böses. Sie wollte doch nur ein wenig Muße haben, um auf das lauschen zu können, was ich ihr gesagt hatte.
Sie möchte mir doch dienen und die liebende Sanftmut auf die Erde tragen, die ich ihr angetragen habe.“

„Was kann ich tun?“

„Ich werde dir eine neue Elefantenhaut für einen neuen Elefantenkörper schenken. Dann hast du eine Chance, zu erkennen und es recht zu tun.
Allerdings wirst du mit einer großen Sensibilität ausgestattet sein und ertragen müssen, wie es ist, wenn an deinem Rüssel gezerrt wird. Du wirst Rüsselschmerzen erleiden müssen. Aber damit kann dein Herz zu einem wahren Elefantenherzen heranrei-

fen, in dem Eifersucht keinen Platz mehr hat. Das ist mein Geschenk an dich, Elefantus, weil du gefragt hast."

So ist es nun. Elefantus ist wieder da und Elefantrine hat keine Scheu mehr vor ihm.

Elefantrine ist diesmal aber vorsorglich nicht wieder als Elefantenweibchen an die Seite von Elefantus gegeben worden, sondern als ein großer Bruder, der Elefantus in Liebe leiten kann und ihm hilft, auf das zu lauschen, was ihm wirklich gemäß ist.
So ist alles wieder zurechtgekommen.

Lord Leopold

Es begab sich zu einer Zeit, als die Tiere noch die Großmacht über die Steppe hatten, dass Leopold zeigen wollte, wer das Regiment über das Volk der dort lebenden Tiere hätte.

Leo, so nannten ihn seine Freunde, war ein stattlicher Löwe, ausgestattet mit einer großen Mähne, mächtigen Pranken und stechendem Blick.

Niemand, so glaubten er und seine Freunde, könnte es ihm gleichtun. In Ehrerbietung vor seiner majestätischen Größe verneigten sich die Tiere vor ihm, sobald sie ihm begegneten. Die Tiere der kleineren Art jedoch verkrochen sich bei seinem Anblick lieber im Gestrüpp, soweit vorhanden.

Leo herrschte nun schon das dritte Jahr über sein Reich, und niemand machte es ihm streitig. Ja, Leo kannte sich aus, und er genoss es in erhabener Haltung. Einige gaben ihm den ehrfürchtigen Titel 'Lord', so unantastbar und groß schien er ihnen.

Die Engel der Steppe beobachteten das mit ein wenig Sorge. Glaubte er womöglich, so mächtig sein zu können wie Gott?
Sie sannen nach und kamen auf eine wahrlich himmlische Idee, ihn ins Nachdenken bringen zu können. Vielleicht würde es dem fröhlichen Bienchen Summherum Freude machen, ihnen dabei zu helfen?

Leo trottete wieder einmal majestätisch vor sich hin, als ihn plötzlich etwas ganz arg aus der Fassung brachte ...
Etwas, das sich offenbar nicht vor ihm scheute, summte und surrte um seine schöne Mähne herum und irritierte ihn sehr. Was war das? Wer erdreistete sich, sich ihm so zu nähern?

„Leo“, säuselte es ihm zu, „Leo, siehst du mich nicht?“

„Wer bist du?“, wollte Leo wissen, „und woher kommst du?“

„Ich bin die Biene Summherum und möchte dich besuchen.“

„Summherum? Welch ein Unsinn“, meinte Leo. „Wie kommst du hierher?“

„Ich komme aus dem Lande Irgendwo, bin unterwegs nach Nirgendwo.“

„Irgendwo, Nirgendwo - was soll das? Woher kommst du?“

„Das sag ich dir, wenn du mir sagst, woher du dir das Recht nimmst, über die Steppe zu herrschen.“

„Es ist mein eingeborenes Recht. Verschwinde!“

„Oh nein, Leo. Ich bin zwar kleiner als die kleinsten Tiere der Steppe, aber über mich kannst du nicht herrschen.“

„Ich bin hier der größte aller Löwen, der schönste, der ...“

„Gib dir keine Mühe, noch mehr aufzuzählen. Ich komme daher, wo auch das Kleinste etwas gilt. Schau mal, Leo, wie golden mein Panzerchen in der Sonne glänzt - und ich habe einen Stachel, schau mal.“

Aber Leo wollte nicht schauen. Für so kleine Dinge hatte er, der große Lord, keinen Sinn. Und wieder surrte es um seine Nase herum.

„Hör auf damit. Dazu hast du kein Recht.“

„Ach, Leo, Recht. Was ist Recht, was Unrecht? Du sprichst es aus, als hättest du alle Weisheit auf

Erden in dir. Aber du bist nur ein Löwe, kein Lord. Wo ich herkomme, gibt es noch ganz andere Dinge, die du noch gar nicht kennst.“

„Papperlapapp“, entrang es sich Leo. „Was für Worte. Verschwinde, sage ich noch einmal!“

Dennoch ist in Leo etwas angeklungen, was ihn nachdenklich gestimmt hat ...

Ob Summherum ihm noch verraten hat, woher es kommt, ob es ihn seinen Stachel noch hat fühlen lassen, wissen wir nicht.
Aber ... Leo ist nachdenklich geworden und fragt sich, woran sich wohl wahre Größe misst.

Vom großen Paul und kleinen Ulf

In einer kleinen Provinzstadt, nahe an einer Hafenstadt gelegen, schlenderte Paul, ein Primaner der dortigen Schule, durch die Straßen. Er wusste nicht so recht etwas mit sich anzufangen, stieß kleine Steinchen mit dem Fuß vor sich hin und sah ziemlich gelangweilt aus.

Eigentlich hätte Paul Hausaufgaben machen müssen. Auch hatte der Vater ihm eine Arbeit aufgetragen, aber die übersah er lieber. So recht Freude hatte er an diesem Tag an gar nichts.

Ulf, ein Tertianer mit regem Interesse, saß etwas wehmütig am Fenster und schaute hinaus. Gern würde er jetzt zu Hause bei seiner Familie sein. Aber die wohnte in einem dafür zu entfernt gelegenen Ort.

Seine Aufgaben hatte er erledigt, und da saß er nun herum und wusste, dass daheim im Elternhaus viel Arbeit zu bewältigen war, denn der Vater war kürzlich verstorben. Die Mutter musste nun allein für alles aufkommen.

Ulf würde ihr jetzt gern ein wenig zur Hand gehen, denn seine Geschwister Lutz und Jennifer waren noch klein und könnten ein wenig Beaufsichtigung gut gebrauchen.
Die Mutter war aber nicht bereit gewesen, ihn von der Schule zu nehmen, damit er ihr zur Hand gehe.

Sie wusste um seine Fähigkeiten und seinen Wunsch, Arzt zu werden. Dabei wollte sie ihm helfen und tat alles, ihm seine Schulbildung zu ermöglichen.

Ulf fühlte sich gar nicht wohl in seiner Haut, denn er glaubte, viel zu bekommen und wenig zu geben. Aber eins war ihm deutlich: Sobald er mit seiner Ausbildung fertig wäre und eigene Einkünfte hätte, wollte er alles daransetzen, Jennifer und Lutz jeweils die Ausbildung zu ermöglichen, die ihren Fähigkeiten entsprach.

Ulf führte ein Gott wohlgefälliges Leben. Sorgende Gedanken, das spürte er deutlich, würden die Schaffensfreude und die erforderlichen Konzentrationsleistungen nicht fördern, zumal sie ja ohnehin nicht weiterführten zu der Zeit.

Er zog sich Schuhe und Jacke an, befahl sich Gott für sein Vorhaben und ging hinaus. Irgendetwas, glaubte er zu spüren, würde ihm begegnen, das er nicht verpassen wollte. Was das sein könnte, wusste er allerdings nicht.

Da traf er Paul. Paul schaute ihn herausfordernd an:

„Na, Tertianer, möchtest dich wohl aufspielen, was? Läufst herum, als hättest du die Weisheit mit Löffeln gegessen."

Ulf erschrak. Wie wirkte er? Nein, das wollte er nicht. Das entsprach so gar nicht seinem inneren Empfinden.

„Was meinst du damit, Paul? Eigentlich bin ich ein wenig ratlos, weil ich so wenig tun kann. Bitte sag mir doch, worauf du deine Meinung gründest.“

Paul schurrte mit seinem Fuß auf dem Boden herum.

„Beobachte dich doch selbst, wie lächerlich du ausschaust, ‘... worauf du deine Meinung gründest’ ... dass ich nicht lache.“

Erhobenen Hauptes ging er davon. Na, dem hatte er zu denken gegeben ...

Ulf schritt nachdenklich weiter vor sich hin. Er müsste eine Arbeit finden - ja, das war’s. Wenn er sich ein wenig beeilte bei den Hausaufgaben und sonstigen Verrichtungen, würde er mindestens zwei Stunden täglich für eine Arbeit erübrigen können.

Seine Füße lenkten ihn zu einer Wiese, auf der ein paar Jungen fröhlich herumtollten. Ob wohl Lutz und Jennifer auch herumspielten? Eigentlich sollten sie es in ihrem Alter ja noch tun.
Ob die Mutter es erlauben würde, dass sie bis zur nächsten Wiese weggingen, wenn sie nicht daheim war, schien Ulf jedoch zweifelhaft.

Ein wieherndes Pferd lenkte seine Aufmerksamkeit auf sich. Es hatte sich verletzt und offensichtlich Schmerzen. Es war das Pferd von Bauer Klaus, der nahe am Stadtrand sein Gehöft hatte. Ulf rannte, um Hilfe zu holen.

Der Bauer war nicht im Hause, nur ein paar spielende Kinder konnte er sehen. Na gut, dann musste er eben selbst etwas tun. Aber was ...?

Da fiel ihm ein, was die Mutter tat, wenn sie nicht recht wusste, wie es weitergehen sollte ... sie schien still zu beten, offenbar Zwiesprache mit Gott zu halten. Jedenfalls ging es ihr danach besser, und sie fühlte sich sicherer.

Ulf versuchte es auf die gleiche Weise und eilte zur Weide, betupfte die Wunde des Pferdes mit seinem Hemd, das er in das klar aussehende Wasser des Grabens getaucht hatte, und sprach dem Pferd beruhigend zu.

Danach versuchte er es noch einmal, auf dem Hof jemand anzutreffen. Diesmal war der Bauer da und fragte wohlwollend:

„Na, junger Mann, was führt dich hierher?“

„Das Pferd hat sich verletzt. Sie sollten mal nach ihm sehen.“

Als der Bauer an der Weide ankam, machte das Pferd eigentlich einen ganz ruhigen Eindruck. Es blutete auch nicht mehr so heftig.

„Was hast du denn mit dem Tier gemacht?“

„Eigentlich nicht viel. Ich habe ihm nur die Wunde gewaschen und etwas mit ihm gesprochen. Weiter konnte ich ja nichts tun.“

„Du scheinst eine gute Hand für Tiere zu haben, Bürschchen. Hast du nicht Lust, dein Taschengeld etwas aufzubessern? Geld könnt ihr doch immer gebrauchen, stimmt's?“

„Was darf ich tun? Zwei Stunden täglich wäre ich frei, am Wochenende könnte ich auch länger kommen.“

„Am Wochenende?“ In den Augen des Bauern leuchtete es auf. „Ja, hast du da nichts Besseres zu tun?“

„Leider nein“, gestand Ulf. „Gern würde ich ja heimfahren zu meiner Familie. Aber dafür reicht es bei uns zurzeit nur selten.“

„Gut, gut, junger Mann, wenn du deine Arbeit gut machst, vertraue ich dir gern am Wochenende die Tiere an.
Sie müssen gefüttert, die Pferde gestriegelt und die Ställe rein gehalten werden. Es gibt genug zu tun. Wenn du es gut machst, soll dein Lohn auch eine Freude für dich sein.“

Von da an hatte Ulf nur selten einmal Zeit, mit den Schülern etwas zu unternehmen; Touren zu machen, in Discos zu gehen und was es da sonst noch so zu tun gab.

In den Augen einiger Mitschüler galt er nun jedoch als Streber ... ja, gewissermaßen als 'Untertan, der seine Persönlichkeit nicht zu entfalten verstand'.

Das regte Paul an, noch auffälliger mit Mädchen zu flirten - mal mit dieser, mal mit jener und möglichst so, dass andere eifersüchtig würden dabei, und er gebärdete sich, als sei er ein ganz toller Hecht.

Er hatte so allerlei Tricks und Einfälle, womit er meinte, sich in den Mittelpunkt stellen zu können. Gelegentlich gelang es ihm sogar, sich Unterlagen von bevorstehenden Klausuren zu besorgen und damit kräftig anzugeben ...

Ja, er konnte schon recht zufrieden mit sich sein, meinte er bei sich selbst, denn er genoss Ansehen. Fast - denn Malia, die sich nicht für ihn zu interessieren schien, konnte er nicht für sich gewinnen, obwohl er es auf jede nur erdenkliche Weise versuchte; so auch auf diese:

„He, du Stolze, willst du mit mir ins Theater gehen? Gibt ‘n Hamlet, tolle Sache. Karten schon gekauft, bist eingeladen.“

Die Karten waren zwar sehr teuer und noch nicht gekauft, aber er fühlte sich sehr groß damit. Würde sie anbeißen, würde er die Karten schon noch erstehen. Für manche Mädchen müsse man eben etwas investieren, meinte Paul.

Malia reagierte nicht darauf, oder jedenfalls in einer ganz anderen Weise, als Paul erwartet hatte:

„Weißt du, du Gernegroß, was du für mich bist? Ein Langweiler, der viel sagt, aber wenig hat.“

„Was erdreistest du dich, zu sagen?“, keuchte es aus Paul heraus. „Einen Langweiler nennst du mich? Ich kann dir einen Langweiler zeigen. Du brauchst nicht weit zu gehen. In der Tertia sitzt er, der Langweiler. Ulf heißt er.“

„Ulf? Sag nichts gegen Ulf, Paul. Ulf ist für mich wirklich groß ... zu groß. Da könnte ich nicht mithalten.“

„Ulf groß? Dass ich nicht lache. Was hat der denn schon?“

„Ein großes Herz hat er, ein Herz für die Menschen und die Tiere. Und Freude an der Arbeit hat er. Und wie sieht es damit bei dir aus?“

Jetzt war es an Paul, eine Antwort schuldig zu bleiben. Was manche Mädchen doch für komische Ideen haben ...
Er begann, Ulf zu beobachten. Irgendwas musste ja an ihm sein, das ein Mädchen wie Malia faszinierte.

Was alles in Paul geschah im Ringen mit dem, was er an Ulf beobachtete, bleibt sein Geheimnis. Es war viel, sehr viel. Aber dies ist gewiss: Sein Engel hat ihm dabei geholfen.

Ulf und Paul sind Freunde geworden. Sie verstehen sich prächtig. Ulfs Lohn konnte helfen, dass er zweimal im Monat heimfahren und die Mutter unterstützen konnte.

Wer mag ihn auf diesen Fahrten wohl begleitet haben? Na klar, Paul. Paul hat Freude am Tun gefunden; Freude daran, aus dem Herzen heraus etwas zu tun.

Etwas beschämt allerdings schaute Paul kürzlich angelegentlich auf den Boden, als Ulf seinen Freunden erzählte, dass er in ihm einen großen Freund habe, einen frohen Freund, der viel mehr geleistet hat im Leben als manch anderer.
Was er damit gemeint haben mag, ließ er offen ...

Finchens Liebe für das Besondere

Finchen war ein altes Mütterlein, das nun schon seit geraumer Zeit allein in den Bergen auf einer einsamen Alm lebte. Reich war das Leben dieser alten Frau gesegnet gewesen mit all den Gaben, die ihr der liebe Gott schenken mochte. Sieben Kinder hat sie aufgezogen, die alle einen schönen Charakterzug zum Ausdruck gebracht haben und ein redliches Leben führen. Auch hatte es ihr nie an Arbeit und Gesellschaft gemangelt, als sie noch im Dorf unten bei den Menschen wohnte.

Finchen jedoch, die lebensfrohe, sehr aufgeschlossene Frau in jungen Jahren, suchte stets nach dem, was sie als Besonderes empfand und nicht zu haben meinte. Allerdings hätte sie nicht benennen können, was es wohl sein könnte ...
Ihr ganzes bisheriges Leben lang war sie von einer Unruhe ergriffen gewesen, das versäumt zu haben, was ihr eigentlich beschieden sein müsste ...
So waren die Jahre dahingegangen und Finchen sehnte sich weiterhin nach etwas Unnennbarem.

Als schließlich alle Kinder aus dem Hause waren und Hubert, ihr getreuer Mann, dorthin zurückgekehrt war, von wo aus ihn vor langen Jahren der liebe Gott ins Erdensein gestellt hatte, beschloss Finchen das, was sie nicht benennen konnte, ruhen zu lassen und sich abwartend in die Berge zurückzuziehen.

Lange lebte sie nun schon hier. Ihr Leben verlief in einem ruhigen Gleichmaß. Selten einmal bekam sie Besuch, denn es war recht beschwerlich, hier heraufzukommen. Was sie für ihren Lebensunterhalt brauchte, das stellte sie überwiegend selbst her: Brot und Käse zum Beispiel und Mehl für die Suppe.

Finchen war bescheiden geworden. Von Zeit zu Zeit brachte ihr 'Bub', der älteste Sohn, den sie immer noch so nannte wie in der Kinderzeit, die nötigsten Dinge, die sich verbrauchten; so auch Getreide fürs Mehl. Eine Ziege hatte sie im Stall. Die liebte sie sehr. Sie gab ihr die nötige Milch, aus der sie ihren Käse selbst bereitete.

Gelegentlich genoss Finchen die Ruhe so recht, die ihr jetzt beschieden war, und schaute besonders gern in die glutrote, untergehende Abendsonne.
Ja, irgendwann würde diese Sonne für sie nicht mehr scheinen. Das wusste sie. Irgendwann würde etwas ganz Neues auf sie zukommen in einer Welt, die sie noch nicht recht kannte. Jedenfalls hatte sie keine Erinnerung daran.

Da geschah es, dass sich ein zartes Geräusch hinter ihr bemerkbar machte. Sie konnte nicht gleich erkennen, woher es wohl kam und machte sich auf die Suche.
Gleich neben dem Rosenstrauch, den sie gepflanzt hatte, als sie heraufgekommen war, lag ein verletztes Reh; ein junges Tierlein, das den Weg hierher gefunden hatte. Mühsam nahm sie es auf und ver-

suchte, das gebrochene Bein zu richten. Wie mochte dieses Tier hierher gekommen sein? Konnte es denn noch laufen? Sie fand die Antwort auf ihre Frage nicht, aber dem Rehlein erging es bald besser, und es trollte sich wieder davon in den Wald.

Der Winter kam und hohe Schneeverwehungen machten es unmöglich, dass jemand zu ihr heraufkam. Die Vorräte gingen zu Ende, und Finchen zog es vor, sich überwiegend im warmen Bett aufzuhalten. Damit würde sie weniger Energie verbrauchen.

Sie dachte nach über das, was hinter ihr lag und überließ sich dann getrost und ohne Furcht dem, was kommen mochte. Da vernahm sie wieder ein feines Geräusch. Diesmal jedoch meinte sie, dass es direkt aus ihrer eigenen Seele zu kommen schien. Ja, konnte denn ihre Seele Geräusche verursachen?

„Finchen", sprach es da ganz sanft, „Finchen, es ist an der Zeit, dass du dich auf die letzte Reise vorbereitest. Du brauchst dafür kein Gepäck. Entledige dich aller Dinge, die noch ungereimt sind in deinem Herzen. Ich komme bald wieder, um dich zu holen."

'Mich zu holen?', dachte Finchen. 'Wer will mich denn holen? Ist es nicht Gott selbst, der mich holen wird?'

Die Zeit verstrich, aber die Stimme kam nicht zurück, und auch Gott war nicht gekommen, Finchen aus dem Erdensein zu erlösen.

So überlegte sie denn, was sie wohl tun müsse, um die Worte, die sie gehört hatte, zu befolgen. Man konnte ja nicht so recht wissen, wozu das gut wäre. Langsam dämmerte es ihr ins Bewusstsein: Hatte sie nicht ein Leben lang danach getrachtet, etwas Besonderes zu erleben? Wo war dieses Besondere denn? Hatte sie es verpasst?
Jetzt war sie zu müde geworden für Sensationen und wollte darauf verzichten, es noch zu erleben. Mochte ein anderer es erleben. Für sie war es zu spät.

Da war es wieder, dieses Geräusch, und diesmal war es vor ihr. Klar erkannte sie: Es war nicht ihrer eigenen Seele entsprungen. Nein, es gehörte zu einer wunderschönen, lichten Gestalt, die sie deutlich zu schauen vermochte.

„Wer bist du, der da so schön vor mir steht und mir einen Besuch abstattet?“

„Ich bin dein Engel, Finchen, derselbe, der kürzlich zu dir gesprochen hat, aber da konntest du mich noch nicht schauen.“

„Ja, aber weshalb ist es denn jetzt möglich?“

„Schau, Finchen, das kann ich dir erklären. Du wolltest ein Leben lang etwas Besonderes haben, etwas Besonderes erleben, aber es konnte sich dir nicht offenbaren, weil du nicht frei genug gewesen bist dafür. Alles, was dir beschieden war, was andere Menschen, denen so viel Gnade nicht zuteil geworden war in ihrem Leben, als Besonderes empfinden würden, schien dir ganz selbstverständlich. Deine sieben Kinder zum Beispiel sind ein wahres Geschenk für dich gewesen. Es war etwas Besonderes, das du damit bekommen hast. Sehr viele Menschen haben Sorgen mit ihren Kindern, wenn es eine so große Zahl ist. Manche sorgen sich um das tägliche Brot für sie und auch um ihre Erziehung, manche um einen passenden Beruf.

Alle diese Sorgen sind dir erspart geblieben. Das ist schon etwas Besonderes. Aber das hast du nicht erkannt, weil du stets nach etwas gesucht hast, das du noch nicht hattest.
Auch, dass eine alte Frau so lange allein in den Bergen leben kann, ist etwas Besonderes. Aber auch das war dir selbstverständlich. Im Grunde wartetest du noch immer auf das Besondere.
Du wolltest das haben, Finchen, was dir nicht beschieden war, und hast darüber das Danken für das, was dir so wunderbar geschehen war, vergessen. Damit hattest du dich für die wahre Liebe verschlossen, die dich mit etwas Weiterem beschenken wollte."

„Ja", meinte Finchen da ein wenig beschämt, „was hätte ich denn tun sollen?"

„Das, Finchen, was du jetzt getan hast. Du hast den hohen Anspruch, etwas Besonderes erwarten zu können, aufgegeben und bist zufrieden mit dem, was dir widerfährt. Damit hast du dich leichter gemacht.

Dein Herz hat gewissermaßen Flügel bekommen. Aus der Raupe, die auf dem Boden oder dem Blatt etwas sucht, ist ein Schmetterling geworden.

Jetzt, Finchen, bist du leicht geworden. Von nun an kannst du schauen, was du längst hättest schauen dürfen, wenn du schon früher leichter geworden wärest und das schwere Gepäck des Noch-mehr-haben-Wollens abgelegt hättest."

„Das Besondere", lachte Finchen still vor sich hin, „das Besondere ist also, nichts Besonderes mehr zu wollen und doch das Besondere zu bekommen. Bist du denn schon öfter bei mir gewesen?"

„Ja, Finchen. Solange du lebst bin ich bei dir gewesen, an jedem neuen Tag deines Lebens. Aber du konntest es nicht erkennen, weil du stets ein Gepäck in deinem Herzen trugst, das dich daran hinderte.
Für die Geistesschau, Finchen, muss man sich ja dieses Gepäcks entledigen. Sie ist ein besonderes Geschenk von Gott, dem Vater allen Seins, und kann nur dem zuteil werden, der es auch in seinem Herzen empfangen kann."

Finchen war überrascht. „Ja, dann hatte ich mich selbst dafür verschlossen, was mir der liebe Gott eigentlich schenken wollte?"

„So ist es, Finchen, aber jetzt bist du leicht und frei geworden. Es ist an der Zeit, dass du Abschied

nimmst von dieser Erde und dem Reich zugeführt wirst, das deine eigentliche Heimat ist, in das du wieder heimkehren darfst, wenn du dein Erdenleben gelebt und dich zu leichten verstanden hast.
Schon viele Male sind wir miteinander diesen jetzt vor dir liegenden Weg gegangen. So sei also getrost und mache dich bereit."

Plötzlich war es ganz hell im Raum. Finchens Seele hatte erkannt. Sie war in der Liebe entfacht. Ein loderndes Liebeflämmchen hatte sie befähigt, ganz leicht ihren Körper zu verlassen und dem Engel zu folgen, der sie heimführen durfte.

Rebecca erfindet ein Deutli

Es war im Jahre des Herrn 1526. Rebecca saß an einem Wegrand im Tal, um auszuruhen.
Ein paar Fuß weiter würde der Weg zur Furt durch den nahen Fluss werden. Er war nicht ganz leicht zu durchqueren, dieser Fluss. Schon so manchem hat es die Beine im Wasser weggezogen, so dass er Mühe hatte, wieder auf die Füße zu kommen. Der Fluss war eigentlich mehr ein breiterer Bach mit temperamentvoller Strömung.
Wie lange mochte sie so dagesessen haben?
Sie wusste es nicht. Inzwischen war es schummrig geworden. Die Sonne schickte sich an, zur anderen Seite der Erdkugel zu wandern. Genau genommen wandert die Sonne natürlich nicht um die Erde herum, sondern die Erde um die Sonne; aber davon merkt ein Mensch auf der Erde ja nichts.

Rebecca wusste, dass es hohe Zeit war, hindurchzuwaten. Wenn es erst ganz dunkel würde, wäre ein Durchqueren kaum noch möglich.
Hier konnte sie aber nicht die ganze Nacht hindurch verweilen, denn wenige Kilometer jenseits des Wassers wartete Liesel auf die Freundin. Sie hatte eine dringende Reise vor sich und Rebecca sollte so lange die Kinder hüten.

Rebecca machte sich auf. Da raschelte es plötzlich unheimlich vor ihr im Gras. ‘Eine Schlange’, dachte sie. ‘Sollte ich warten, bis es wieder ruhig ist?’

Wohin mochte sie im Dunkeln gekrochen sein? Einen Schlangenbiss könnte sie sich nicht leisten. Es wäre ja auch niemand da, der helfen könnte. Unschlüssig und ängstlich trat sie zurück auf den Weg, der sehr mit Gräsern überwachsen war.

„He du, Schlange, was hast du vor? Wohin bist du gekrochen? Kann ich unbeschadet vorbeigehen?“

Natürlich kam keine Antwort. Schlangen pflegen sich ja gewöhnlich auch nicht mit Menschen zu unterhalten. Dennoch musste Rebecca aber eine Lösung finden ...

Rebecca sann nach ... lauschte ... keine Antwort. Die Angst hatte sie zu befangen gemacht, als dass von Innen etwas kommen könnte.

Rebecca wurde immer unruhiger. Sie musste handeln, und zwar bald. Es musste doch etwas geben, das ihr die jetzt günstige Richtung deuten könnte. Es müsste ein Deutli sein; ein Deutli, das ihr die Richtung weisen könnte.

Ja, das müsste es sein. Weil sie so gar nicht weiterwusste, klammerte sie sich an ihre Idee und rief aus lauter Kehle: „Deutli, Deutli, bitte komm und zeige mir, was ich jetzt tun könnte.“

Deutli rührte sich nicht ... Oder doch? ... In ihrem Inneren vernahm sie eine hauchzarte Stimme: „Rebecca, du fürchtest dich? So falte doch die Hände und bitte Gott um Hilfe.“

Deutli gab es also schon, strahlte es in Rebeccas Seele auf. Er hatte sie gehört und ihr geraten. Aber wie sollte sie denn Gott um Hilfe bitten?

„Deutli, bitte, wie kann ich es denn tun? Ich kenne Gott noch gar nicht. Wo ist er denn?“

„In deinem Herzen kannst du seine Liebe spüren, Rebecca, wenn du Gott um Hilfe bittest.“

„In meinem Herzen? Da spüre ich eigentlich nur Angst und Verzweiflung. Deutli, bitte, hilf mir doch. Später will ich es dann gern mal mit Gott versuchen.“

Deutli schwieg. Hatte er sie nicht gehört? So sehr Rebecca auch bat, es kam keine Antwort.

Rebecca fing an zu weinen. Was immer sie jetzt tun würde, könnte falsch sein. Wohin die Schlange gekrochen war oder ob sie noch still daliegen würde, konnte sie nicht erkennen, denn inzwischen war es dunkel geworden.
Zurücklaufen konnte sie auch nicht. Ihre Wohnung war einen ganzen Tagesmarsch von hier entfernt, und sie hatte Liesel versprochen, rechtzeitig da zu sein. Was sollte sie nur tun?

Sie überlegte, was Deutli ihr ins Herz gehaucht hatte: Sie könnte Gott bitten. Wenn Deutli es sagte, müsste es ja eigentlich möglich sein, auch wenn sie Gott und seine Wohnung noch gar nicht kannte. Vielleicht war er in der Nähe und könnte sie hören?

„Göttli, bitte, Göttli, hilf mir doch. Ich weiß nicht, was jetzt der rechte Schritt wäre. Sollte ich weiter durchs Gras gehen, Göttli, und durch den Fluss waten, auch wenn es schon dunkel ist?“

Aufgeregt wartete sie auf eine Antwort. Nichts war zu spüren. Keine Antwort und auch kein Schritt, der Gottes Nähe anzeigen würde.

„Göttli, bitte, Göttli, wo bist du denn? Ich möchte dich etwas fragen.“

Da war ihr, als höre sie Deutlis Hauchen wieder in ihrem Herzen. „So ist es recht, Rebecca, deine Bitten, wenn du nicht weiterweißt, solltest du an Gott richten. Er wird dir helfen, wie es recht ist.“

„Ja, aber wie hilft er denn? Ich höre ja wieder nur dich, Deutli, und du verweist mich wieder ans Göttli.“

„Schon gut, Rebecca, jetzt geh erst einmal ein Stück nach rechts und dann mutig auf die Furt zu. Du wirst die Füße recht setzen. In der Furt werde ich dich halten, wenn du magst, damit du nicht ausgleitest. Morgen, wenn du Gott ein wenig Zeit schenken und Stille halten möchtest, werde ich dich fühlen lassen, wie das alles zusammenhängt. Aber jetzt geh bitte erst einmal los.“

Behutsam setzte Rebecca Fuß vor Fuß, bis sie die Furt erreicht hatte. Sie kam auch sicher und ohne auszugleiten da hindurch.

Beschwingt setzte sie ihren Weg fort, bis sie bei Liesel angekommen war, die sich schon Sorgen um sie gemacht hatte.
In der Nacht schlief sie tief und fest, und gegen Morgen erwachte sie fröhlich und frisch. Sie sprang fast von ihrem Lager, um zu den Kindern zu gehen. Ein wenig Stille zu halten, hatte sie vergessen ...
So erging es ihr fast die ganze Zeit, in der sie die Mutterstelle bei den Kindern übernommen hatte. Plötzlich kam eines der Kinder hereingestürzt:

„Rebecca, Rebecca, Uta ist in den Fluss gestürzt!"

Aus Rebeccas Herz flossen Wortschwingungen wie: „Göttli, Göttli, hilf dem Kind, bitte hilf ihm."

Als sie am Wasser angekommen waren, hatten die anderen Kinder Uta bereits aus dem Fluss gezogen und sprachen auf sie ein.
Rebecca handelte intuitiv, als hätte sie so etwas schon häufiger gemacht. Sie konnte Uta dazu bringen, wieder zu atmen und sie anzuschauen.

„Was bin ich glücklich, Uta", weinte sie vor Freude, „dass du noch am Leben bist. Ich bin sicher, da hat Göttli mitgeholfen."

„Göttli?", fragten nun die anderen Kinder. „Wer ist denn das? Wir haben keinen gesehen."

'Ja, wer war das denn nur?', überlegte jetzt auch Rebecca. Göttli musste einer sein, der hilft, ohne

sich dabei direkt zu zeigen. Wollte ihr Deutli nicht erklären, was es damit auf sich hatte?
Aber hatte sie sich denn Zeit genommen, damit Deutli es ihr erklären könnte? Wollte sie Göttli nicht eigentlich ein wenig stille Zeit schenken? Morgen würde sie Stille halten ... ganz gewiss.

So geschah es ... und da erfuhr Rebecca durch Deutli, dass bei der Schlange am Fluss nicht eigentlich er geholfen hatte, sondern Gott.
Was Rebecca Deutli nannte, war ein Bote Gottes, ein Bote der Liebe ... von Menschen gern Engel genannt ...

'Deutli' war gekommen, weil Rebecca um Hilfe gebeten hatte, und zu der Zeit ja noch nicht wusste, dass sie Gott bitten könnte.

Die Existenz Deutlis war also keine Erfindung von Rebecca ... wohl aber der Name, den sie diesem hilfreichen Engelwesen gegeben hatte ...

Umi, das Eichhörnchen

Umi, das vorsorgende Eichhörnchen, lebt mit dem Ameisenbär Traps und Flöti, der jungen Meise in unmittelbarer Nachbarschaft.
Natürlich gibt es noch andere Plätze im Wald, die Umi gefallen könnten, aber hier hat es sich jetzt eingerichtet, und hier möchte es auch bleiben.

Umi liebt das Dasein. Munter springt es von Ast zu Ast, von Baum zu Baum. Aufregendes gibt es da zu entdecken: Spechtli zum Beispiel klopft und klopft, und niemand bittet ihn herein.

Dennoch hat Umi es nicht immer leicht. Die Nüsse im Haselstrauch wurden kürzlich von Menschen geraubt, und auch Treibi, die Wildsau, erschreckt Umi bei ihren Streifzügen durch Wald und Feld. Treibi schnüffelt so ungeniert. Ihr Duft entspricht nicht gerade Umis bevorzugter Duftnote, aber das ist nun mal so.

Auch der Duft Morchels aus der Familie Pilz stört Umi gelegentlich, aber deren Leben ist von kurzer Dauer. Dann zieht sie sich zurück in die Erde, um auf ein neues Erdenkleid zu warten. So stört dies Umi wenig.

Schlaufuchs schleicht umher auf der Suche nach Beute. Wenn er auf Tour geht, durchdringt häufig ängstliches Geschrei die Stille. Ob die Freunde der Erdhausbewohner ihn wohl rechtzeitig bemerken

und sich und ihre Lieben in Sicherheit bringen können? Schlaufuchs regt Umi zum Nachdenken an, immer und immer wieder: Der Herr Fuchs - fast von allen gefürchtet - muss sich doch auch ernähren und seinen wunderschönen Schwanz pflegen. Schade nur, dass er ihn achtlos über den Boden schleifen lässt und nicht so sorgsam hochhält, wie es Umi und die Verwandten aus der Familie Eichhorn tun.
Vielleicht könnte man Schlaufuchs nahelegen, sich von Früchten zu ernähren? Es müssten ja nicht gerade Nüsse sein. Ob ihm das helfen könnte, seinen Blick ein wenig mehr nach oben zu richten? Schade, dass Umi keine so rechte Lösung dazu einfällt ...

Fröhlich geht es zu, wenn Freund Wind bläst. Dann wippt es sich gut in den Zweigen, und ein wahres Konzert ertönt im Wald; ein Wispern und Raunen, ein Knistern und Rauschen - eine schöne Herausforderung, sich im Gleichgewicht zu halten.

Am Schönsten ist es jedoch in der Frühe, kurz bevor die Sonne wärmend durch die Baumkronen strahlt. Es ist Sir Archibalds große Zeit, wenn er mit seinen Feen, Elfen und anderen Elementarwesen Andacht im Wiesenstaate hält. Das ist zugleich die Zeit, in der Schleierli, die Eule, andächtig ihre Augen schließt bis zum nächsten Erwachen.

Ach, es ist schön, dazusein und an all dem Wunderbaren, das Gott schenkt, teilhaben zu dürfen.

Aber nun müssen wir uns erst einmal ein wenig gedulden, denn mehr Zeit kann Umi uns jetzt nicht widmen, um uns an seinem Erleben teilhaben zu lassen.
Die Aufgabe ruft. Es ist bald wieder Winter. Da heißt es, wachsam zu sein und Vorsorge zu treffen.

Vielleicht erfahren wir im Frühjahr noch etwas mehr von all dem Wunderbaren, das es in Umis Umfeld zu erleben gibt ...

Das liebende Sternchen Schnupp

Es war einmal ein Sternchen, das flog in weitem Bogen durch den Himmel, als wollte es mit seinem Schweif eine goldene Brücke bilden.
Dem Sternchen gefiel sein Tun. Es liebte die Himmelssphären und seine Bewohner. Es liebte die Erde mit allem, was auf ihr lebt, und es liebte es, alles durch einen gemeinsamen goldenen Bogen miteinander zu verbinden. Denn es gibt ja nicht nur einen einzigen, für alle Menschen sichtbaren Himmel, sondern auch eine Vielzahl von Himmeln ganz anderer Art.
Viele Ebenen, auch Sphären genannt, gibt es da und in jeder schaut es anders aus. Auch unsere Erde ist eine der Sphären in Gottes Schöpfung.

Ein besonders schöner Himmel ist die Ebene der erhabenen Engel mit ihren wunderschönen Tempeln, wie aus weißschimmernden Kristallen geschaffen. Sehr liebevoll geht es hier zu.

Die dienenden Engel, die Schutzengel der Menschen oder jene, die den aufstrebenden Seelen in den verschiedenen Ebenen zur Seite stehen, beraten einander bei Problemen mit ihren Schützlingen, denn auch Engel machen eine Entwicklung durch und brauchen gelegentlich Rat für ihren großartigen Liebedienst.
Unendlich liebevolle Schwingungen erfüllen diesen Himmel. Diese erhabenen Wesen sind ganz von der

Liebe Gottes durchdrungen. Sie möchten sie strömen lassen ... überallhin, wo sie angenommen wird, gern auch mitten in die Menschenherzen hinein.

In den Himmeln der Wissenschaften wird fleißig an Plänen gearbeitet, die eines Tages als gute Ideen in die Köpfe befähigter Menschen fließen werden.

Ach, viele Himmel gibt es da; gewissermaßen Wohnstätten unterschiedlichster Art für alle Menschen, die ihr Erdenkleid abgelegt haben, die also gestorben sind. Sie dürfen in ihrem viel feineren, viel empfindlicheren „Seelenkleid" dort einziehen.

Menschen auf der Erde haben bekanntlich sehr unterschiedliche Bedürfnisse und Interessen. So wird auch im Himmel ein ihrem Entwicklungsstand entsprechender Platz für sie bereitet.

Viele Menschen kennen Leute, die stets still so vor sich hin gelebt haben. Sie waren zwar niemals wirklich böse, aber eigentlich haben sie auch nie so recht etwas für jemand getan und wollten auch von anderen am liebsten in Ruhe gelassen werden. Sie scheuten Kontakte, fürchteten, sich durch Aktivitäten zu belasten oder vielleicht auch anderen lästig werden zu können.
Sie können in eine Sphäre gelangen, in der gelernt werden kann, dass es besser ist, miteinander zu leben, füreinander dazusein, sich auch einmal mutig für die Interessen anderer einzusetzen. Viel gibt es für sie zu lernen.

Ja - und eine Sphäre ist der Erdensphäre ganz nah gelegen für alle, die so arg viel zu schleppen haben und mit ihrer Last nur eine kurze Wegstrecke zurücklegen können.
Diese waren zumeist ein Leben lang bemüht, sich irdische Reichtümer zu schaffen, sich mit möglichst viel Prunk und Dingen zu umgeben, weil sie glaubten, je mehr Dinge einer habe, je angesehener, je wertvoller sei er.

Ein bedauerlicher Irrtum. Wenn sie keine geistigen Interessen, kein Mitgefühl mit anderen, kein Herz für notleidende Mitmenschen hatten und eigentlich nur selbstsüchtig sein und mit ihrem Reichtum prahlen wollten, sind sie in Wahrheit eigentlich ganz arm. Wenn ihnen Prahlerei und Habsucht zum Lebensinhalt geworden sind, können sie nämlich auch als Seele nicht so recht loslassen und schleppen eine schwere Last mit sich herum.
Diese Last behindert sie, sie können damit nicht weit kommen, nicht aufsteigen in die lichteren, schöneren Himmel. So müssen sie sich zunächst mit einer einfachen, erdnahen, dunkleren Wohnstätte begnügen, bis sie sich von ihren vermeintlichen Schätzen trennen können und ihr Gepäck, also das, was sie in ihrer Seele mit sich tragen, leichter geworden ist.

Ähnlich mühsam ist der Aufstieg für alle Seelen, die als Menschen nicht an die wahre Liebe glauben konnten und mit ihrem Schicksal haderten. Die wahre gelebte Liebe, die geduldig bemüht ist, zu verstehen, die alles verzeihen, ihr Geschick als in der kosmischen Ordnung recht annehmen kann, ist göttlich. Sie kommt ja von Gott, dem liebenden Vater aller Geschöpfe. Er möchte Seinen Kindern helfen, rein und schön werden zu können wie die Engel, um einmal ganz nah bei Ihm wohnen zu dürfen. Er möchte sie bereiten, dass sie einmal aufgrund ihrer Erfahrungen und Prüfungszeiten fähig sein werden, eine schöne, verantwortungsvolle Aufgabe zu übernehmen.

Manche Menschen sind von ihrem schweren Schicksal so enttäuscht, so verbittert, dass sie einfach nicht glauben können, dass gelegentlich auch Schmerzen und Leidenszeiten der Entwicklung dienen und hilfreich sein können.
Sie empfinden ihr Los als ungerechte Strafe. Diese Menschen brauchen ganz besonders viel Liebe, um ihr Schicksal annehmen und meistern zu können. Gott ist ein Vater der Liebe. Er lässt Leiden nur als kürzesten Weg der Entwicklung zu. Und so bemühen sich gerade auch um diese Menschen liebe Himmelsboten, ihnen den Weg in die Himmel zu zeigen und sie zu begleiten.

Leider können verbitterte Menschen gelegentlich dennoch in ihrem Schmerz die Bemühungen der hilfsbereiten Engelwesen nicht wahrnehmen und brauchen dann lange, lange Zeit, um erkennen zu können, was wirklich ist.

Eine schöne Sphäre mit herrlichen Blumen und Farben, mit harmonischen Klängen und hellem

Licht gibt es ganz nah bei den Engelsphären, in die Menschenseelen geführt werden können, die in ihrem Erdenleben ein Herz voll unerschütterlicher Liebe und Glauben hatten.
Diese Liebe hat sie in ihrer Seele leicht gemacht, frohgemut und beschwingt und das kann bewirken, dass sie wie von Schwingen getragen hoch hinauf in diese wunderschönen Ebenen gelangen können.

Menschen, die so gelebt haben, können im Allgemeinen das weichstrahlende, helle Christuslicht schmerzfrei ertragen, denn sie hatten dieses Licht ja längst als Liebeschwingung in ihrem eigenen Herzen. Es kann sie in seiner großen Strahlkraft nicht blenden.

Es gibt auch einen Himmel für Tiere. Die Tiere fühlen sich dort sehr wohl.

Lieblich geht es zu im Kinderhimmel. Liebe Engel sorgen dort für die Kleinen, spielen mit ihnen, lehren sie, was es für sie zu lernen gilt.

Zwischen den genannten Ebenen gibt es eine Anzahl weiterer, denn es muss ja für jeden ankommenden neuen Bewohner den für seine Entwicklung und Wesensart passenden Platz geben.

Gelegentlich erlauben es die himmlischen Boten, dass Bewohner der lichteren Sphären ihre Freunde in anderen Himmeln besuchen, was umgekehrt leider kaum möglich ist, denn nicht jeder Himmelsbewohner kann das helle Licht der Liebespähren sogleich ohne weiteres vertragen. Er muss stufenweise darauf vorbereitet werden und hinderliche Vorstellungen in seiner Wesensart aufarbeiten, sich ändern, also erst die entsprechende Leichtigkeit und Verträglichkeit für diese Sphären erlangt haben.

Dies alles kann auch schon hier in der Erdensphäre, in der wir Menschen zurzeit leben, bewusst werden. Die Erde dient dem Schöpfer für seine Geschöpfe als eine Art Schulungsplanet. Hier sind Wesenheiten der verschiedensten Aufstiegsebenen verkörpert - man nennt das auch inkarniert - um miteinander und aneinander zu lernen, zu reifen, sich zu entwickeln ... und immer wieder Liebe zu üben.

Die wahre Liebe ist die höchste Kraft. Sie kann Unreines, Unrechtes in sich verwandeln und auflösen. Je weiter sich ein Mensch dieser Liebekraft zu öffnen bereit und imstande ist, desto mehr Licht und Erkenntnis kann in ihn einfließen, so dass es heller in ihm und um ihn herum werden kann.
Ja ... und so wird er einst, wenn er die dämpfende Erdenhülle abgelegt hat, auch in das helle Licht eingehen können, ohne dass es ihn blendet oder schmerzt. Er fühlt sich dann darin wohl.

Unser Sternchen weiß das alles sehr wohl, denn es hat gut gelernt in der Himmelsschule. Aber in seiner großen Liebe möchte es doch gar so gern diese vielen Ebenen alle miteinander verbinden, eine goldene Brücke bauen, sein strahlendes Liebeslicht über alle verströmen.

Der Himmlische Vater hat seine Freude an diesem unermüdlichen Treiben seines Sternenkindleins Schnupp.

Er lässt es gern gewähren und schenkt ihm Strahlen, die es verteilen darf, erlaubt ihm, seine Kostbarkeit in fröhlichem Schwingen zu versprühen, die sich in hauchfeinen Sprühnebelchen auch auf die Erde ergießt und geradewegs hinein in die auffangbereiten Herzen seiner Menschenkinder.

Da diese Strahlen, wie wir ja wissen, Liebe sind und Liebe eine so reine Kraft ist, die sich nie erschöpft, sondern sich vermehrt, je mehr sie sich verschenkt, wird unser Sternchen munter weiter seine fröhlichen Runden am Himmel ziehen können.

Vielleicht kann es eines Tages beglückt schauen, dass die vielen versprühten Strahlen die in den Herzen aller Menschen schlummernden Gottesfünkchen entfacht und zum Leuchten gebracht haben werden.

Für Schnupp wird es dann aussehen, als beginne der Planet Erde zu funkeln, in der Liebe zu gesunden, ja, als habe es plötzlich ungezählte Geschwisterchen auf dieser Erde, die ihm mit ihren leuchtenden Herzen grüßend zuwinken.

Dann wird die Glückseligkeit des Sternchens, der Himmels- und Erdenbewohner vollkommen sein für alle Ewigkeit.

Dank sei dir, Schnupp. Wir wollen von dir lernen. Auch wir Menschenkinder wollen einander unermüdlich goldene Brücken bauen, die uns alle miteinander in Liebe verbinden.

Vielleicht ist dann der Tag nahe, an dem wir alle geöffnet genug sein werden, selbst in die Himmel hineinsehen und erkennen zu können.

Dann, lieber Schnupp, werden wir dir mit offenen Augen und liebendem Herzen fröhlich zuwinken.

Cathrinchen schaute das Christuslicht

Jenseits der Wüste lag ein Land, das seinen Bewohnern gern diente. Es war sonnig gelegen und mit Schatten spendenden Palmen bestanden. Es sorgte für seine Bewohner durch reiche Erträge.

Eines Tages ging es dort etwas merkwürdig zu. Cathrinchen saß am Strand und ließ den warmen Sand verspielt durch ihre Hände rieseln. Sie sann nach: 'Wie war denn das gewesen, damals, vor gar nicht mal so langer Zeit?' ... Zeit ... Was bedeutete sie schon?

Eine unendlich anmutende Aneinanderreihung von Bildern tat sich vor ihr auf. Ihr war, als schaute sie durch einen tunnelartigen, lichten Gang in eine andere Welt, als öffnete sich ihr der Kosmos.

Cathrinchen staunte. Zunächst schaute sie nur Licht; weichstrahlendes, helles Christuslicht, dem Sonnenlicht nicht vergleichbar. Eine Gebirgslandschaft schälte sich heraus; so klar, so schön ... lange könnte sie hineinschauen.

Ihr war wohl zumute bei dem Geschauten, so wohl wie selten in ihrem Leben. Nichts lenkte hier ab, nichts vermischte sich diffus miteinander. Ihr war, als schaute sie geradewegs in eine irrtumsfreie Zone hinein ... Klarheit. Wie sehr hatte sie sich danach immer gesehnt ...

In ihrem Land schien ihr alles ein wenig undurchsichtig. Man musste sich schon sehr mühen, Verlockungen und Beeinflussung beiseite schieben, immer wieder aufs Neue hinderliche Rankgebilde aus dem Weg räumen, um sich einen klaren Weg bahnen zu können, an dessen Horizont aber bereits eine leuchtende Sonnenscheibe sichtbar war.

Ja, mühsam schien ihr dieser Weg, den es galt, reinzuhalten, damit er nicht zuwucherte. Sie mochte ihr Ziel ja nicht aus den Augen verlieren.

Cathrinchen freute sich ihres Lebens, denn sie wusste, dass es die Mühe lohnte. Wie ein Hauch hatte sich die so klar geschaute Gebirgslandschaft in das Licht zurückgezogen. War es eine Verheißung gewesen?
Jetzt schaute sie nur noch das weichstrahlende Licht, wollte es ganz in sich aufnehmen, davon durchstrahlt werden, ja, gewissermaßen in ihren Leib hineinfließen lassen.

Ja - was war das eigentlich gewesen? Schaute sie es denn wirklich mit ihren Augen? Ihr war, als hätte sie dieses wunderbare Geschehen mit ihrem Herzen und zugleich mit einem für ihre physischen Augen unsichtbaren Auge in der Mitte der Stirn geschaut; als hätte sich dort das Licht gesammelt zu einem strahlenden Stern.

Die lichterfüllte Stille hatte Cathrinchen wohlgetan. Sie gab sich ihr für die Dauer des Geschehens ganz hin, denn sie wusste sich mit dem Licht der Liebe verbunden, das die Klarheit der Erkenntnis in sich birgt und stets aufs Neue schenkt.

Cathrinchen war glücklich. Sie fühlte sich erfüllt, als hätte sie soeben Weihnacht erlebt. Langsam erhob sie sich aus dem Sand, gestärkt für die Aufgaben ihres Lebens.

War da nicht eben eine Stimme gewesen? Sie lauschte. Leise hauchte es ihr zu: „Gott segne dich, Cathrinchen."

Oswaldines Reiseabenteuer

Schnecken - Fabel

Es gibt Zeiten, die in einem relativen Gleichmaß verlaufen und solche, die auf unerwartete Weise die Gemüter erhitzen können. So auch ein Geschehen um die Jahrtausendwende herum, das dieser Fabel zugrunde liegt.

Oswaldine, eine stattliche Nacktschnecke, hatte es sich gemeinsam mit Freunden in ihrer Heimat - kuschelig eng aneinander geschmiegt - gerade an einem schattigen Plätzchen gut gehen lassen, als sie mitsamt ihrem Unterschlupf herumgewirbelt und in einer riesigen Kiste verstaut wurde, aus der es aus eigener Kraft kein Entrinnen gab.

Oswaldine und ihre Artgenossen wussten nicht so recht, wie ihnen geschah. Niemand kümmerte sich um ihre Misere ... und plötzlich war die Welt um sie herum so ganz anders, als sie es bisher gewohnt gewesen waren. Was war denn nur mit ihnen geschehen?
Feldarbeiter hatten beim Ernten die Schneckenleute mit erfasst, mit verpackt, mit verladen, Händler die Ladung übernommen und auf ein Schiff verfrachtet. Eine wahre Schnecken-Odyssee begann.

Oswaldine verstand das alles nicht. Wozu sollte das gut sein? Das fragten sich mittlerweile viele Leute. Reiselustig waren Oswaldine und ihre Freunde doch eigentlich gar nicht. Ihnen genügte ihre Heimat, in der sie ihr Auskommen gehabt und sich wohlgefühlt hatten. Natürlich wurden sie auch zu Hause nicht von allen geliebt, hatten auch dort - hauptsächlich wohl in Folge ihres großen Appetits auf Grünes - nicht nur Freunde.

Zahlenmäßig hielt sich ihr Familienverband dort trotz des reichen Nachwuchses jedoch in Grenzen. Ein Schneckenleben währte ja nur kurze Zeit. Das zumeist sonnige heimatliche Klima sorgte für ein ausgewogenes Verhältnis zum Ganzen, und es gab Herausforderungen durch kreatürliche und andere Leute, die sie fast sportlich motiviert anzunehmen bereit waren.

Dabei galt es dann, wachsam zu sein. Wer würde pfiffiger, einfallsreicher sein - Herausforderer oder Herausgeforderte?

Gelegentlich unterlag natürlich der eine oder andere Schneck dabei und wurde genüsslich verspeist. Derartige 'Feinschmecker' schienen allerdings nicht mitgereist zu sein.

Dennoch - Oswaldine war das alles nicht geheuer. Und nun auch noch das! Ein ungekanntes Getöse, Gelärme und Rumpeln erschütterte die unfreiwillig Reisenden zutiefst.

Große Zweibeiner, genannt Mensch, bezeichneten die Gegend, in der die Kiste mit den illegalen Passagieren gerade neu verladen wurde, als Hafen.

Endlich war es soweit. Die Kiste wurde geöffnet und die blinden Passagiere konnten mitsamt ihrem inzwischen aus den Eiern geschlüpften Nachwuchs auf Erkundungspfaden wandeln.

Aber ... oh je ... Gastfreundschaft konnte man das, was sie hier erwartete, wohl nicht gerade nennen. Den Zweibeinern schienen sie so gar nicht genehm zu sein. Die schienen ihnen ihre Speise nicht so recht zu gönnen. Dabei erwarteten die Zugereisten doch nicht einmal Dienstleistungen von ihnen, sondern bedienten sich an allem selbst!

Es dauerte nicht lange, da war es Oswaldine klar: Geliebt wurden sie in diesem Gastland nicht - im Gegenteil. Manches Zweibeiner-Kind mochte sich zwar an den glitschigen Spuren, die sie auf ihren Streif- und Fresszügen hinterließen oder auch an ihren stets tastenden Fühlern und dem Versteckspiel, bei dem die Kinder stets die Suchenden waren, erfreuen.

Erwachsene der Spezies Mensch hatten daran offensichtlich keinen Gefallen. Die hatten inzwischen begonnen, Jagd auf die Zugereisten, die in ständig wachsender Zahl die Gärten bevölkerten, zu machen. Immer neue Tricks fielen den Zweibeinern ein bei ihrem fast zwanghaften Jagdverhalten. Sogar zum Morden waren manche dabei bereit. Man konnte meinen, es sei Krieg; Krieg gefräßiger Kriechtiere gegen die Anliegen der Menschen - oder umgekehrt?

Naja, wenn diese fresslustigen, schleimspurenden Kriechtiere den Stolz mancher Hobbygärtner zunichte machten, indem sie in solchem Ausmaß über Nacht Blütenpracht und Gemüsebeete in kahlstielige Mini-Waldlandschaften verwandeln konnten, war es wohl nachvollziehbar, dass manche guten Manieren vergessen werden konnten angesichts dessen, was als unmittelbare Bedrohung erlebt wurde.

Sonst gern in die Tat umgesetzte Leitsprüche konnten dabei in die Verdrängung geraten, plötzlich gar nicht mehr erinnert werden ... zum Beispiel: „Liebet eure Feinde“ oder „Liebe deinen Nächsten wie dich selbst“ oder „Du sollst nicht töten“ ...

Schnecken als Nächste zu empfinden, fiel sicherlich nicht jedem so ohne weiteres ein - obwohl die doch so sehr nah kommen konnten.

Hmm ... und wenn die geliebten Pflanzen hilflos dem Kaputtgefressenwerden erlegen waren, daran denken zu mögen, nicht Gleiches mit Gleichem vergelten zu wollen, konnte sich das innere wie äußere Dilemma zuspitzen.

Wer mochte schon daran denken, dass die Situation - kollektiv gesehen - gewissermaßen etwas spiegeln könnte? Man käme dann ja nicht so recht an der Frage vorbei, ob unsere Spezies Mensch denn stets mit Flora und Fauna so umgegangen war, wie es für alle erfreulich und vor Gott wohlgefällig gewesen wäre ...

Willkürlicher Kahlfraß durch Tiere ... willkürlicher Kahlschlag, Raubbau durch Menschen ... wären Ähnlichkeiten im Erscheinungsbild, in Auswirkungen und zugrunde liegenden Motiven wirklich purer Zufall?

Oh, oh, wir Brüderlein und Schwesterlein Mensch, die wir uns gelegentlich aus unterschiedlichen Motiven heraus über die Schöpfung erhoben haben eingedenk der Aussage, dass sich der Mensch die Erde untertan machen möge ...

Hatten wir diese Botschaft stets richtig verstanden, uns als Heger und Pfleger verantwortlich gefühlt - oder uns gelegentlich eitel in Selbstwohlgefälligkeit gesonnt?

Wie schmerzhaft konnte sich schon ein Ansatz von Erkenntnis anfühlen, wie herausfordernd peinlich doch die Situation?

So verständlich das Verhalten beider Kontrahenten sein mochte, es gab und gibt da noch sehr besorgte weitere Wesen in Gottes Schöpfung.

Gemeint sind die Elementarwesen, auch Naturgeister genannt - unter anderen zum Beispiel die Feen und Elfen, deren Aufgabe es ist, sich stets emsig um Wachstum und Gedeihen der ihnen anvertrauten Pflanzen zu bemühen.

Durch ihre liebevolle Mithilfe konnten schon prächtige Blumen, Salatköpfe und was da sonst noch so

gedeihen mochte in Gärten und der freien Natur, gelingen ... und plötzlich, über Nacht, brach unversehens eine Invasion herein und fraß ihre schönen Werke kaputt.

Was könnten diese Wesen nur tun, um ihren Pflanzen zu helfen? Sollten sie vielleicht eine Konferenz einberufen, um gemeinsam nach einer Lösung zu suchen?

Eine friedliche Lösung gegen das Zerstörungswerk anders gearteter Geschöpfe zu finden wäre natürlich nicht so einfach ...

Diese feinstofflichen Wesen wurden ja als friedfertige Naturen geschaffen - und friedfertig galt es bei all ihren Bemühungen um Abhilfe zu bleiben. Vieles in dieser Situation müsste also dabei bedacht werden ...

Könnten wir Menschen an ihrem weisen Ringen um Verständnis der möglichen Zusammenhänge etwas teilhaben, wenn es uns gelänge, ein wenig Fantasie aufzubringen und wir uns in ihre Erlebenswelt einzufühlen versuchten?

'Gut Ding will Weile haben', sagt ein viel zitiertes Sprichwort. Vielleicht sind die hilfreichen, wenn auch für viele unsichtbaren Wesen noch dabei, eine Lösung zu finden? Geduld ist ihnen ja nicht fremd.

Lauschen wir Menschen der Gegenwart doch einmal hinein in die Konferenz der feinstofflichen

Wesen, der Feen und Elfen, Sylphen, Kobolde und Gnome - und wer noch alles dabei sein mag. Es könnte ja sein, dass sie schon längst darauf gewartet haben.

Oh ja. Ein Blumenelf gibt gerade zu bedenken, dass die Schnecken möglicherweise so gefräßig seien, weil sie sich ungeliebt fühlen. Sich-ungeliebt-Fühlende futtern ja gelegentlich als Ersatz für entbehrte Liebe.

„Schon", meint da ein kleiner Kobold, der auch mit geladen war, „aber ist das nicht eher Menschensitte?"

„Weshalb sollte es bei Schnecken nicht auch so sein?", gibt ein weiterer Elf zu bedenken. „Liebe ist doch das Höchste. Wenn sie entzogen wird, könnte ein solches Verhalten wohl überall vorkommen, nicht nur bei den Menschen."

„Sind diese Schnecken in ihrer Heimat wohl eher nützlich - oder lassen sie sich auch dort von Fressgier leiten?", möchte ein Kobold wissen.

„Davon sollten wir uns bei unseren Überlegungen bitte nicht leiten lassen", meldet sich eine Sylphe zu Wort. „Bei fast jeder Spezies dieser Erde gibt es wohl zurzeit noch Wesen mit förderlich wirksamen oder eben auch solche mit widersächlich wirkenden Schwingungen.
Auf die Schwingung kommt es dabei an. Auch Materielles ist doch im Grunde nichts anderes als stark verdichtete Schwingung."

„So sehe ich es auch“, meint gelassen ein Baumelf. Auch widersächlich schwingendes Verhalten kann sich doch nur in der Erfahrung der Begegnung mit Liebe lösen und wandeln.“

„Ist es nicht eigentlich so, dass sich innerhalb des Kreatürlichen selbst eine Art Gleichgewicht in der Natur vollziehen sollte, so dass sich alles auf natürliche Weise regeln könnte?“, fügt eine Fee nachdenklich hinzu.

„Ja, wenn wir alle, jedes einzelne Geschöpf, zur rechten Zeit in der jeweiligen Mitverantwortung für das Ganze leben würden, könnte das wohl zutreffen. Aber ist das so?“

„Wohl kaum - jedenfalls jetzt noch nicht“, merkt weise eine Elfe an. Es würde dazu ein waches Bewusstsein um die Dinge gehören - und soweit ist es wohl noch nicht überall.“

„Hmm ... die Entwicklung auf der Erde schreitet voran. Wir alle sind eingebunden in Gottes Schöpfungsplan - sowohl wir feinstofflichen Wesen als auch die Spezies Mensch und alles Kreatürliche. Wir können den Schöpfer nicht verantwortlich machen für das, was hier geschieht. Erfahrung tut da wohl Not.“

„Das meine ich auch. Und wir sollten bemüht sein, zu helfen. Wie könnten wir uns aber den Menschen verständlich machen, die uns im Allgemeinen ja nicht wahrnehmen?“

„... noch nicht alle wahrnehmen können“, gibt ein Kobold zu bedenken. „Die Zeiten können sich doch ändern.“

„Jaja, aber zunächst einmal ist die Situation ja so. Da gilt es, Abhilfe zu schaffen, so gut es eben geht. Wie sind denn diese Schnecken in unsere Landschaft hineingekommen, in der es für ihre Art offensichtlich keine natürlichen Regulanzien gibt?“

„Vermutlich durch Unachtsamkeit beim Transport anderer Dinge. Die Menschen betreiben ja Tausch mit allen möglichen Sachen. Handel nennen sie es, glaube ich.“

Nachdenkliches Schweigen ... Wie die Konferenz der liebevollen Wesen weitergehen wird und zu welchem Ergebnis sie einst kommen werden, ist noch ungewiss.
Das zu bearbeitende Problem scheint doch umfassender zu sein, als es zunächst den Anschein hatte.

Obwohl es sich primär auf die Situation mit den Nacktschnecken bezieht, verlangt es doch wohl grundsätzlich nach erweiterter Bewusstheit und umsichtiger Mitverantwortlichkeit für unsere Freundin Erde mit allem, was auf ihr ist, unter ihr ist und über ihr ist und geschieht.

In dankbarer Achtung vor dem Schöpfer könnten sich Kräfte entfalten, die - bis dahin zum Teil noch dahindämmernd oder schlummernd - in Mensch, Natur und Kreatur angelegt sind. Es könnten sich gewissermaßen im Teamwork mit den feinstofflichen Wesen eines Tages Lösungen finden lassen ...

Vielleicht fällt uns Menschen ja schon im zwischenzeitlichen Bemühen zunächst einmal noch etwas ein, um die Schneckenplage eindämmen oder gar die Situation auf liebevolle Weise lösen zu können? Oswaldine oder ihre Nachfahren könnten dabei womöglich ihre ungezügelte Fresslust ein wenig überwinden, wenn sie nicht mehr durch festlegende Wort- und Gedankenschwingungen gewissermaßen auf ihre Gefräßigkeit fixiert würden.

Das könnte leichter fallen - in der Hoffnung, aber ohne Anspruch, dass es sich auch erfüllen würde - wenn wir zunächst einmal erkennten, dass die Nacktschnecken selbst ja nichts dafür können, dass ihre Vorfahren einst in diese wohl auch von ihnen ungeliebte Situation geraten waren.

Unsere zur Fabel verarbeitete Geschichte hat also einen aktuellen Hintergrund der bei allem Humor doch auch ernsthaft bedacht werden möchte.

Schön wäre es, wenn wir dieses Ereignis in der Erinnerung eines Tages wie ein Märchen empfinden könnten. Denn Märchen beginnen gern mit den Worten: „Es war einmal ...“

Teil II

Erwachende Herzen

Lieschen schaut einen Engel

Es war an einem strahlenden Oktobermorgen. Die Sonne schien durchs Fenster und die Mutter weckte ihre Tochter. „Lieschen, steh auf, die Sonne scheint. Schau einmal hinaus!“

Lieschen rekelte sich im Bett und sprang dann fröhlich auf. Oh ja, schnell in die Kleider und dann hinaus in den Stall, damit Murr, der Kater, der sich gern dort aufhielt, mit ihr auf Entdeckungsreisen gehen konnte. Natürlich hatte Lieschen vorher noch ihren Brei verspeist. Aber das bedarf eigentlich nicht des Erwähnens, denn das ist ja selbstverständlich.

Murr und Lieschen machten sich auf den Weg. Es gab so vieles zu entdecken, das interessant war und reizte, es zu erleben und zu ergründen ...
So kamen sie an eine alte Mühle. In der Mühle waren Mäuslein, wie es sich für eine alte Mühle gehört, und schon war Murr auf und davon.

„Murr, Murr, wo bist du denn? Murr, ich möchte doch weitergehen.“

Murr hörte nicht auf sie. Die Mäuslein, die es zu jagen gab, waren interessanter für ihn. Lieschen schlenderte abwartend am Mühlenbach entlang. Ach ja, Murr hat ja auch seine Interessen, und weil Murr nun einmal ein Kater ist, musste man ihm eben

Zeit lassen, ihnen nachzugehen. Er würde schon noch merken, dass es Interessanteres gibt auf dieser Welt, als Mäuse zu fangen und mit ihnen herumzuspielen, bis sie ermattet umfallen.

Lange Zeit hatte Lieschen geduldig auf Murr gewartet. Schließlich sprang sie auf und ging allein weiter. Man musste Murr lassen, wenn er nicht wollte. Er tat eben das, was seine Welt ausmachte zu der Zeit.

Lieschen entdeckte viele Dinge, die sie, als Murr neben ihr herging, nicht so recht bemerkt hatte; eine unendliche Feinheit im Weben der Natur.
Mochte es stürmen und brausen, dass die Äste nur so knarrten, was Lieschen im Allgemeinen abenteuerlich fand ... jetzt waren auch die Blütchen, die winzig kleinen, hauchfeinen, interessant für Lieschen geworden. Teilweise wirkten sie so fein, dass sie sie gern sehr sorgfältig näher betrachtete.

Aber was war denn das? Lieschen schaute sich verwundert um. War denn da noch jemand in ihrer Nähe außer den Pflanzen und den kleinen Tierchen um sie herum? Es war doch deutlich zu spüren ... aber zu sehen war niemand.

Die Sonne war inzwischen ein wenig weitergewandert, so dass ein Schatten über der Wiese daran erinnerte, dass es Zeit war, weiterzugehen. Das wusste Lieschen, denn sie hatte schon herausgefunden, dass die Sonne ihre Bahn am Himmel in einem ganz bestimmten Zeitrhythmus zieht.

Lieschen schaute sich um nach Murr. Wo war der denn nur so lange? Er konnte doch wohl nicht immer noch in der Mühle sein?

Ein wenig besorgt ging Lieschen zur Mühle zurück. Und siehe da: Murr hockte ziemlich zerknirscht im Gras und hatte offenbar Schmerzen.

Ja, Schmerzen hatte er in vielerlei Hinsicht. Der Müller hatte ihn verjagt, weil er nicht wollte, dass Murr in seiner Scheune herumstreunte und zwischen den Mehlsäcken herumsprang auf der Suche nach Beute. Dabei hatte er mit einem Holz nach ihm geworfen und Murr wehgetan.
Und Lieschen war nicht mehr dort, hatte nicht auf ihn gewartet, während er seinen Jagdinteressen nachgegangen war.
Nun fühlte sich Murr im Stich gelassen, vereinsamt zurückgelassen, verletzt von der Freundin, die er so liebte. Warum hatte sie nicht auf ihn gewartet? Früher hatte sie es immer getan, hatte immer Zeit genug für Murr, und plötzlich war sie weitergegangen ...

Für Murr war es klar: Lieschen war nicht mehr dieselbe. Lieschen hatte sich verändert, Lieschen ging eigene Wege, die nicht die Wege von Murr waren. Gewiss, ganz gewiss hatte sie andere Freunde gefunden, hatte Murr nicht mehr lieb.
Böse war das von ihr, meinte Murr ärgerlich, böse. Sie hätte ja etwas sagen können. Aber einfach so weiterzugehen, ohne ihn daran teilhaben zu lassen - nein, das konnte keine Liebe sein.

Lieschen sprach Murr an: „Murr, lieber Murr, was ist denn?“

Murr schwieg. Er hatte seine Erfahrungen mit Lieschen gemacht ... sie brauchte nicht auch noch so scheinheilig zu tun ...

„Murr“, sprach Lieschen, „Murr, was ist denn?“

Murr schwieg weiter. Mit ihr konnte man nicht mehr reden. Da musste er sich wohl andere Freunde suchen. Sie war sich ja, so meinte Murr, zu fein für ihn und seine Interessen.
Lieschen verstand das alles nicht. Wie könnte sie wohl auch ...
Am nächsten Tag war es wieder so strahlend schön, und wieder ging Lieschen hinaus. Murr war nicht zu sehen. Er war für sie nicht mehr erreichbar und schmollte.

Diesmal ging Lieschen zum Teich. Auf dem Teich blühten Seerosen. Sie waren weit geöffnet, und Lieschen hatte ihre Freude daran. Es sah aus, als wollten sie die ganze Welt mit allem Lichten und allem Schönen in sich hineinlassen.

Versonnen schaute Lieschen die Seerosen an ...
Vor ihren Augen wurde es seltsam hell. Eine lichte Gestalt zeigte sich schemenhaft vor ihrem inneren Auge. Sie spürte die Liebe, die von dieser Gestalt ausging. Sie fühlte sich an wie die Liebe der Mutter ... und dennoch anders ... Das ist natürlich. Es war ja die Liebe eines Engels ...

Ach, war das schön. Es war ein kaum fassbares Geschenk für sie, das erleben zu dürfen ... Aber wo war denn Murr geblieben?

Murr hatte sich inzwischen gelangweilt und grollte noch immer wegen der Unzuverlässigkeit und der so schrecklichen Veränderung Lieschens, wie Murr es empfand.

Lieschen suchte Murr nicht mehr. Er würde sicher von selbst wiederkommen. Vielleicht war er wieder auf Entdeckungsreise gegangen?

Da sah sie ihn. „Murr, Murr, da bist du ja. Wo warst du denn solange?"

„Ach ja, hast du mich vermisst?", kam es schmollend zu Lieschen herüber. Dabei hatte Murr sein abweisendes Katergesicht aufgesetzt. Er wollte es ihr mal so richtig zeigen.

Die Zeit verging. Lieschen ging oft hinaus, nachdem sie ihre täglichen Pflichten in schöner Ruhe eingehalten hatte, denn darauf achtete die Mutter sehr. Lieschen zog es hinaus in die Stille ...

Unterwegs lernte sie Menschen kennen, die ebenfalls gern still beobachten mochten ... und dennoch fröhlich sein konnten bei den Spaziergängen.
Schließlich wurden aus diesen zunächst einsamen Gängen, bei denen Murr sie nicht begleiten wollte, gemeinsame Wanderungen mit Freunden. Gemeinsam lauschten sie auch auf das, was hinter den Din-

gen zu spüren war, und gemeinsam durften sie diese schönen lichtvollen Begegnungen haben. Allerdings konnte dies nicht jeder gleichermaßen empfinden. Das war ja eine Sache der Zeit und auch der eigenen Liebe für die feinen Dinge in der Natur ...

Murr zeigte sich unbeteiligt an dem, was Lieschen erlebte. Das war nicht seine Welt, und davon wollte er auch nichts sehen. Er wollte Lieschen, wie sie früher war ... und wenn er sie so nicht mehr haben konnte, war Lieschen eben nicht mehr in Ordnung.
Jawohl, so war es, und das hatte er auch deutlich den Enten auf dem Hof zu verstehen gegeben und Wuff, dem Pudel, den Lieschen so liebte.
Die Tiere hielten sich zurück von ihr, denn Murr, der ja so viel mit ihr zu tun hatte, musste es ja wissen.

Lieschen war traurig. Sie liebte diese Tierfreunde nach wie vor in gleicher Weise, auch wenn sie nicht mehr ganz so viel Zeit für sie hatte. In einer solchen Traurigkeit wurde es plötzlich vor ihr ganz hell, und der Engel erschien ihr wieder ...

„Na, Lieschen, so traurig heute?“

„Ja, lieber Engel“, antwortete sie, „alle diese Freunde, die ich doch so lieb habe, meinen, ich sei ganz unmöglich geworden und wollen mit mir nichts mehr zu tun haben. Sie schauen entweder weg, wenn ich sie fröhlich grüße oder einladen möchte, oder sie zeigen mir deutlich, dass sie mit mir nicht einverstanden sind.

Und mit Murr ist es ganz schlimm. Er scheint mich gar nicht mehr zu mögen."

„Sei nicht traurig, liebes Lieschen. Das ist so auf dieser Welt. Murr hat sich zurückgesetzt gefühlt, weil er es aus seiner Sicht anders erlebt als du - und weil du nicht gewartet hast, bis er einmal so weit sein würde, deine Interessen nachzuempfinden.
Er mag es nicht, dass du weggegangen bist, dass du etwas erlebst, an dem er noch nicht teilhaben kann."

„Ja, aber die anderen Tierfreunde, sie verhalten sich ja ähnlich, und Murr gibt mir zu verstehen, dass ich Dinge tue, die er und die anderen nicht für lieb halten, und sie meinen, ich vernachlässige sie und mag sie nicht mehr.
Ja, ich habe Freunde gefunden unterwegs, und die liebe ich geradeso wie Murr und die anderen. Aber das glauben sie mir nicht. Es tut so weh, lieber Engel. Was kann ich denn tun, dass sie sich nicht so vernachlässigt fühlen?"

„Lieschen, schau einmal: Solange es diese Welt gibt, solange gibt es solche Schmerzen bei den Menschen und bei den Tieren auch.
Das liegt daran, dass sie einander nicht sogleich verstehen, wenn der eine etwas erlebt, was der andere noch nicht erleben kann, weil er sich dafür bisher nicht öffnen konnte ... und manchmal auch noch gar nicht will.
Das wird sich ändern, wenn es ihnen selbst auch so ergeht. Alle Menschen - und auch Tiere - auf dieser

schönen Erde möchten doch lernen und wachsen und immer mehr Liebe spüren in ihren Herzen. Wer sich so öffnen kann, wie du es schon tust, der spürt die Liebe unmittelbar und möchte anderen auch davon schenken.
Wer es noch nicht kann, der möchte die Liebe von den Menschen haben und meint: 'Wenn der Mensch, den ich eigentlich lieb habe, Zeit auch für anderes aufwendet, das ihm viel bedeutet, so hat er mich, dem er doch vorher soviel Zeit widmen konnte, ganz bestimmt nicht mehr lieb.'

Im Grunde ihres Herzens wissen sie es eigentlich besser, aber manchmal meinen sie, dass du gerade das, was sie als Zurückgesetztsein empfinden, so auch ausgedrückt hättest.

Es ist so bei den Menschen und Tieren. Sie erleben es so und meinen dann, ihre Wahrheit sei auch deine. Sie meinen also, das hättest du dann auch so von dir gegeben ...
Schweigst du dann dazu, fühlen sie sich darin bestätigt. Wenn sie aber ehrlich in sich hineinlauschen, wissen sie, dass sie selbst es so empfunden und geäußert haben.

Sei nicht traurig, Lieschen, so etwas gab es schon immer, aber so wird es nicht immer bleiben. Was meinst du wohl, wie das einmal anders werden könnte?"

Lieschen überlegte und fühlte sich verstanden.
„Ich glaube", meinte sie dann, „wenn ich sie weiter-

hin so lieb behalte und sie dann einfach so sein lasse, wie sie sich gerade fühlen, dann werden sie die Liebe spüren und wissen, dass ich es gar nicht böse gemeint habe.“

„Recht so“, sagte der Engel und lächelte. „Aber sagen müsstest du es schon einmal, wie du es siehst. Sonst können sie ja nicht wissen, dass du es ganz anders erlebst.
Dann aber solltest du ruhig abwarten und sie weiterhin so lieb behalten in deinem Herzen. Ich weiß, dass es schmerzlich für dich ist, aber so ist es recht.“

Was wird daraus geworden sein?
Ob sich wohl Murr und Lieschen, die Entchen und Wuff wieder gemeinsam freuen, einander lieben und auch so sein lassen können, wie sie jeweils gerade sind?

Geistkindlein auf Reisen

Vor langer, langer Zeit lebte ein kleines Mädchen auf einer Insel im Mittelmeer. Es genoss es, da sein zu dürfen und freute sich seines Lebens.
Irmchen, so hieß dieses Mädchen, ging es gut. Es verstand sich mit den Tieren, liebte die Menschen und war zufrieden, so wie es war ...

Eines Tages kam ein fremder Herr auf die Insel. Irmchen staunte über sein merkwürdiges Aussehen. Woher kam er, was wollte er? Er war gekleidet wie sonst keiner hier.
War er ein Zugereister? Sie zog einen Kreis um ihn herum und besah ihn sich ungeniert von allen Seiten. So etwas! Was mochte der hier nur wollen? Den Fremden amüsierte das.

„Na, du kennst mich wohl nicht?"

„Nein", gab Irmchen zurück, „woher kommst du denn?"

„Ich komme aus den Wolken."

„Aus den Wolken? Bist du ein Flieger?"

„So könnte man es auch nennen", meinte er schmunzelnd, „ein Flieger, ja ... "

Irmchen staunte immer noch. „Warum hast du sowas angezogen? Wolltest du gerade schlafen gehen?"

„Schlafengehen? Ach, du meinst, weil ich so ein langes, weißes Gewand trage? Schau, das trägt man bei uns. Du erinnerst dich wohl nicht?“

„Erinnern? Warst du denn schon mal hier?“

„Hmm ... das meine ich ja nun gerade nicht. Also du kennst mich nicht?“

„Nein, woher denn?“, meinte sie ein wenig gereizt. Der konnte einen schon aus der Ruhe bringen!

Er beugte sich liebevoll zu ihr herab. „Schau, ich kenne dich aber, und zwar sehr gut. Ich habe große Freude an dir, du kleines Geschöpfchen.“

„Du hast Freude an mir? Ich habe doch gar nichts getan, was dir Freude machen könnte.“

„Doch, du kleiner Naseweis, gerade auch jetzt machst du mir wieder Freude. Du bist ehrlich, und das gefällt mir. Und was du nicht kennst, untersuchst du einfach so lange, bis du etwas herausfindest, was es dir vertraut machen könnte.“

„Eigentlich bin ich gar nicht gut, weißt du“, platzte es aus ihr heraus. „Ich hab immer so schrecklich viel Hunger und mache oft so dumme Sachen, die die Großen gar nicht mögen ... Ich weiß auch nicht, was mit mir ist, aber eigentlich finde ich trotzdem alles ganz schön. Die Blumen sind so schön und die Vögel singen ... der Wald rauscht und die Frösche quaken ... Es ist ganz lustig hier.“

„Schau, das gefällt mir ja gerade so an dir. Du liebst alles, was der liebe Gott geschaffen hat.“

„Ja“, lachte Irmchen, „auch die Frau mit dem krummen Rücken. Sie sieht zwar nicht schön aus, aber sie kann so schöne Geschichten erzählen.“

„Hörst du gerne Geschichten, Irmchen?“

„Oh ja, erzählst du mir eine? ... Eine von da, wo du zu Hause bist?“

„Es war einmal ein Himmelskindlein, das wollte so gern die Erde kennen lernen. Es hatte gehört, dass dort aufregende Dinge passieren sollen ... so mit ‘Ordentlich-was-los’.

Das Engelchen fand das spannend, zumal es gehört hatte, dass die Erde eine Schule sei, wo man tüchtig was lernen könne.

Ja, und lernen wollen kleine Engel immer; sie wollen ja wachsen und größer werden. Engel wachsen nämlich innerlich, weißt du?

Die Himmelsbewohner hielten Rat. Soll es ins Erdeninternat? Gewünscht, getan. Unser Engelchen trat seine Erdenreise an ...

Huch, war es hier plötzlich kalt!
Es musste nämlich durch einen Geburtskanal hindurch, sonst hätte es ja kein Erdenkleid bekommen können für die neue Schule. Und jenseits dieses Kanals war es so ganz anders als zu Hause ...

Unser Engelchen schrie, was die Stimme hergab. ‘Huu ... huu’ - aber nun war nichts mehr zu ändern, es musste sich anpassen an diese ungewohnte Welt.“

„Warst du dabei?“, fragte Irmchen mit rosigem Gesichtchen.

„Oh ja, ich habe unser Engelchen doch begleitet. Wir lassen es doch nicht allein in die ferne Welt reisen.“

„Ach ja“, tönte es verständnisvoll, „erzähle weiter.“

„Unser Engelchen wuchs heran. Es hatte Erdeneltern und ein Erdenzuhause bekommen und wusste eigentlich nichts mehr von seiner eigentlichen Heimat. Es fand Gefallen an dem bunten Erdentreiben, lernte fleißig in der Schule und machte seinen Eltern große Freude, denn sie liebten es und es wollte ihnen auch nur gut sein.“

„Au fein, und wie geht es weiter?“

„Ich habe oft nach ihm geschaut, aber es hat mich nicht sehen können. Seine himmlischen Augen hatten sich geschlossen.

Viele Eltern hat unser Engelchen bisher gehabt, denn es wurde immer wieder in ein Erdenkleid hineingeboren, wenn es das alte abgelegt hatte, weil es zu alt geworden und zerschlissen war.“

„Hat es dich nie wiedersehen können? Warst du da ganz traurig?“

„Nein, traurig war ich nicht, denn ich sah unser Engelchen heranwachsen. Es entwickelte sich gut und war schon in der Lage, schöne Aufgaben zu übernehmen.
Aber wiedergesehen hat es mich in seinem Erdenkleid nicht; das heißt, gesehen hat es mich schon, aber nicht erkannt."

„Das ist aber schade, dass es dich nicht erkannt hat, es hat dich doch sicher lieb. Wann hat es dich denn gesehen? Hättest du es ihm denn nicht sagen können?"

„Das geht nicht, Irmchen, nur wenn es danach fragt. Ja - und gesehen hat es mich eigentlich erst heute."

„Heute? Warst du denn heute schon woanders zu Besuch?"

„Nein, Irmchen."

„Das verstehe ich nicht." Irmchen sann nach. „Aber ich sehe dich ja auch nur und weiß gar nicht, wer du bist. Wer bist du eigentlich?"

„Schau, Irmchen, darauf habe ich schon so lange, lange Zeit gewartet. Ich bin dein Engel, der über deine Seele wacht in all den vielen Erdenleben.
Ich schaue nach dir, denn es ist an der Zeit, dass du in dieser Erdenschule auch deinen Lehrer aus der himmlischen Heimat erkennst.

So kannst du lernen, die Gnade des Himmels mit der Not der Erde in Verbindung zu bringen, kannst den Himmelsnektar durch dich hindurch, wie durch einen Kanal, auf die Erde gleiten lassen ... kannst Mittler sein zwischen den Welten, liebes Kind. Würde dir ein solcher Dienst Freude machen?“

Irmchen war, als hing sie ihrem Himmelsboten vor Freude schon am Hals.

„Gern, lieber Uwe“ ... Sie hatte sich in ihrem Eifer schnell einen Namen ausgedacht; Uwe hörte sich nordisch an und Engel kamen sicher aus dem Norden ... „gern möchte ich das tun, wenn der liebe Gott mich dafür ausgesucht hat.“

Der Engel schmunzelte. Gerade so hatte er es sich vorgestellt. Er kannte ja die Liebe des Himmels-Erdenkindleins und wie gern es der Liebe in Liebe dienen mochte.

Ulrikes heimliche Liebe

An einem Dienstagnachmittag klingelte es an der Haustür. Ulrike war allein zu Hause und traute sich nicht so recht, die Tür zu öffnen.

Der Besucher ging wieder davon. Ulrike sann über ihre Angst nach und überlegte, ob das wohl etwas Wichtiges gewesen sei, was Einlass begehrte.

In der Nacht träumte sie von einem großen Jungen, der fast schon ein Erwachsener war. Er spielte mit einem kleinen Mädchen auf einer Wiese.
Das Mädchen mochte etwa acht Jahre alt gewesen sein und machte einen etwas traurigen Eindruck ...

Lisa, so hieß dieses Mädchen, war elternlos aufgewachsen und wohnte bei ihrer Tante. Die war stets sehr beschäftigt und konnte sich deshalb nur wenig um Lisa kümmern ...

Ulrike las dies alles auf eine merkwürdige Weise im Traum aus Lisas Herzen heraus. Der junge Mann schien keinen Namen zu haben, jedenfalls konnte Ulrike es nicht erkennen. Weil er so lieb und so fröhlich aussah, nannte sie ihn im Stillen Friedjof. Das klang so schön beruhigend.

Friedjof zeigte Lisa die kleinen Lebewesen auf der Wiese; winzige Sternchenblumen, die sie sonst gar nicht beachtet hatte, und auch zarte Käferlein und Spinnen mit filigranen Beinen.

Lisas Gesichtchen heiterte sich jedoch nur wenig auf. Nun ging er mit ihr zum nahen Bächlein. Fröhlich plätscherte es dahin. Kleine Blättchen schwammen darauf wie kleine Segel. Aber auch das konnte Lisa nur wenig erheitern.

Schließlich brachte Friedjof Lisa zu Ulrike. Lisa strahlte: Ein Kind ... ein Mädchen zum Spielen ... das konnte sie gut leiden, das könnte schön werden.

Ulrike spielte mit ihr Fangen und Hüpfen auf einem Bein. Sie sah wohl, dass dies dem großen Jungen gut gefiel. Er schaute zufrieden zu. So ging es eine ganze Weile, bis Ulrike plötzlich erwachte.

In ihrer Erinnerung an den Traum hatte sie Lisa bald vergessen ... aber diesen großen Jungen ... So einen hatte sie noch niemals gesehen.
Sie konnte die Zeit kaum erwarten, bis es Abend und Schlafenszeit wurde. Vielleicht würde sie ihm im Traum wieder begegnen?

Zwei Monate sind inzwischen verstrichen. Ulrike ist still geworden, sehr still. Ihre Hausaufgaben hat sie zwar gut gemacht, aber zum Spielen fand sie nur noch wenig Zeit. Man könnte meinen, Ulrike sei zum Tagträumerle geworden ...
Immer wieder träumte sie in ihren Gedanken von einem hübschen, ebenmäßigen Gesicht, das auf so eine seltsame Weise zufrieden aussah ... und sie träumte von feinen, sanften Bewegungen eines geschmeidigen Körpers, der zu dem Gesicht gehörte.

Die Nächte waren lang und kühl. Ulrike schlief unruhig, weil sie ja auf etwas wartete, das nicht wiedergekommen war, und weil sie deshalb ganz oft aufwachte.

„Ulrike", meinte eines Tages die Mutter, „Ulrike, bist du krank, mein Kind?"

„Nein, Mama, mir geht es gut", sagte Ulrike schnell.

„Ulrike, magst du mir nicht sagen, was dich bedrückt?"

„Mich bedrückt nichts, Mama, gar nichts, es ist nur ..."

„Ja, was ist nur ...?"

„Es ist nur, dass es da so einen wunderschönen Jungen gibt, wie ich sonst noch nirgends einen gesehen habe. Ich muss immer an ihn denken und wünsche mir so sehr, dass ich ihm wieder einmal begegne."

„Wo hast du ihn denn gesehen, Kind?"

„Im Traum, Mama, da spielte er mit einem Mädchen auf der Wiese. Er bat mich, mit dem Mädchen zu spielen, weil es so traurig aussah."

Die Mutter wusste nicht so recht, ob Ulrike nicht womöglich doch krank sei. Wegen eines Traumes spielte sie nicht mehr?

Ulrike verschloss sich mit der Zeit immer mehr. Selbst die Mutter konnte sie ja nicht verstehen. Sie fühlte sich sehr allein.

In der folgenden Nacht erschien der junge Mann plötzlich wieder. Diesmal war er allein, und es schien so, als ob er direkt zu Ulrike kommen wollte, denn es war sonst niemand zu sehen.

„Ulrike", hauchte er leise mehr in Ulrikes Herz hinein als an ihr Ohr, „Ulrike, du bist traurig?"

„Ja, Friedjof ...", Ulrike biss sich auf die Lippen, denn den Namen hatte sie ihm ja selbst gegeben. „Ja, ich fühle mich so allein, obwohl doch meine Mama meistens da ist."

„Das glaube ich dir, Ulrike, und das ist ganz erklärlich. Schau, als wir uns vor einigen Monaten hier begegneten, war da ein kleines Mädchen, das sehr traurig war. Vater und Mutter kannte es nicht, und die Tante hatte wenig Zeit.
Eigentlich hatte sie nur mich, und mich erkannte sie in ihrer Einsamkeit nicht so richtig. Das Selbstmitleid hatte sie gegen die feineren Wahrnehmungen verschlossen.
Da brachte ich sie zu dir. Du hast auch mit ihr gespielt, sie aber schnell wieder vergessen. Du wolltest lieber mir wieder begegnen, der ich fröhlich und zufrieden bin."

„Ja, so ist es", sagte sie erleichtert, „denn du kennst mich gut. Nach dir habe ich mich gesehnt."

„Ulrike, der Vater allen Seins hat mich an Lisas Seite gegeben, damit ich ihr Schicksal ein wenig erheitere und sie getrost hindurchführe.

Für dich ist auch ein lieber Engel da, der dich begleitet. Du kannst ihn zu dieser Zeit aber noch nicht erkennen, so wie auch Lisa mich noch nicht erkennen kann. Sie fühlt sich sehr einsam."

Ulrikes Herz weitete sich für Lisa. Wäre sie doch jetzt da, dann würde sie gern ein wenig mit ihr spielen.

Der Engel spürte das. „Komm", sagte er entschlossen, „komm mit, ich werde dir etwas zeigen."

Ruhig gingen sie nebeneinander her bis zu einer Wiese, auf der mehrere Tiere weideten. Lisa spielte gerade mit einem Schäfchen und freute sich, wenn es einen Laut von sich gab.

„Sieh mal, wie vergnügt sie ist. Das verdankt sie dir, Ulrike. Daheim beim Vater, wo du gelegentlich des Nachts im Schlafe weilst, hast du erkennen können, dass Lisa Hilfe brauchte.

Dort hast du dir gewünscht, Lisa etwas von deiner Fröhlichkeit abgeben zu dürfen und ein wenig von ihrer Traurigkeit in dich hineinzubekommen. Du wolltest ihr damit helfen und selbst lernen, für andere mit da zu sein.

Das kannst du aber am besten, wenn du die Not anderer verstehen kannst ... wenn dir ihre Gefühle nicht fremd sind. So bist du also beschenkt mit ein wenig Traurigkeit aus Lisas Seele, und sie ist beschenkt mit Fröhlichkeit.

Du hast ein liebendes Herz, Ulrike, und das ist es, was uns verbindet. Ich bin ein Geschöpf der Liebe und darf den Menschen die Liebe ins Herz hineinschenken, auch wenn sie das nicht gleich erkennen können.
Deshalb hast du dich nach mir gesehnt. Es wird nicht lange dauern, dann kannst du auch deinen Engel erkennen."

„Ich möchte Lisa auch helfen, Fried... - oh verzeih, Engel, und möchte gern wissen, wie ich das tun kann."

„Das ist gut, Ulrike. Sobald es möglich sein kann, werde ich Lisa wieder zu dir führen. Sie wird an der Haustür läuten. Falls du dann wieder Angst hast, frage einfach, wer da läutet. Sie wird dir ihren Namen nennen."
Damit war der Engel verschwunden.

Ulrike erwachte am nächsten Morgen gestärkt und fröhlich. „Mama, Mama, wenn Lisa läutet, dann lass sie gleich zu mir herein. Lisa braucht mich nämlich, Mama, und ich freue mich auf sie."

„Lisa? Ja Kind, wer ist denn Lisa? Wo hast du sie denn kennen gelernt?"

„In der Nacht, Mama, da hat mir ihr Engel erzählt, dass er meine Hilfe für Lisa brauchen kann - und weil ich das damals nicht gleich verstanden hatte, durfte ich traurig sein, um das zu fühlen - und sie ist glücklich und spielt mit dem Schäfchen ...

Ach Mama, ich bin so glücklich. Weißt du, was mir der Engel noch erzählt hat? Er hat gesagt, dass ich mich so nach ihm gesehnt habe, kommt daher, dass das Liebe ist ... oder so ähnlich.

Mama, und auch ich bin aus Liebe, hat er gesagt ... oder so ähnlich. Und ich habe auch einen Engel, hat er gesagt, und bald werde ich ihn erkennen, und ... und ...“

Was Ulrike alles zu berichten wusste, konnte die Mutter gar nicht mehr verstehen. Freudentränen flossen ihr aus den Augen, dass es Ulrike endlich wieder besser ging.
Ihre Ohren konnten kaum noch etwas hören, denn Ulrike fasste sie so fest um den Kopf und presste ihr Gesicht an ihre Ohren, dass die Mutter nur noch eines verstand, und das aus dankbarem Herzen: „Liebe“.

Edelgards Lieblingsspeise

Vor Jahren saß ein kleines Mädchen bekümmert über seinem Süppchen. Sein Mahl wollte ihm nicht so recht schmecken.
Edelgard, so hieß dieses Mädchen, hatte Kummer. Die Großmutter war schwer erkrankt, und niemand schien ihr so recht helfen zu können. Die großen Leute sprachen davon, dass sie wohl bald in den Himmel käme.

Edelgard rutschte auf ihrem Stühlchen hin und her. Sollte die geliebte Großmutter sie wirklich schon bald verlassen müssen?
Da fiel ihr ein, dass sie einmal davon gehört hatte, dass es einen Gott gäbe, der immer Rat wüsste, wann immer man ihn darum bitten würde.

Das würde sie ja gern tun, aber wie sollte sie das anstellen? Sie hatte Gott noch nie gesehen. Könnte sie denn, wen sie nicht sehen konnte, einfach ansprechen und ihn gar um etwas bitten? Sollte sie ihn vielleicht erst einmal suchen ...?

Edelgard machte sich auf den Weg, Gott zu finden. Nicht auf den Weg, der einer Straße gleicht - nein, auf die Suche in ihren Gedanken. Denn wen sie nicht sehen konnte in der äußeren Welt, könnte sie doch vielleicht in ihren Gedanken erfassen ...

Sie sann intensiv nach, wie sie den Kontakt mit diesem allmächtigen Gott finden könnte.

Die Tage vergingen, die Wochen zogen dahin, aber Edelgard hatte noch keine Lösung für ihr Problem gefunden.
Da war ihr, als spräche ein Gedanke unmittelbar aus ihrem Herzen heraus. Es war eigentlich mehr ein Gefühl als ein Gedanke. Dieses Gefühl riet ihr, doch einfach die Hände zu falten, die Augen zu schließen und ihre Bitte vorzubringen.

Edelgard tat, wie ihr Empfinden ihr riet. Was sie dann erlebte, war so wunderbar, dass sie es kaum fassen konnte: Ihre Händchen wurden immer wärmer, so als würden sie von innen her aufgeheizt, als sei eine Sonne in ihrem Herzen, die ihre Strahlen direkt in ihre Hände lenkte ...

Lange hatte Edelgard so dagesessen ... Die Mutter hatte längst nach ihr geschaut und war verwundert stehen geblieben.
Ihr Kind hatte eine solche Leuchtkraft in seinem Gesichtchen, dass sie es nicht stören wollte. Es musste eingeschlafen gewesen sein und etwas sehr Schönes geträumt haben.

Endlich blickte sie auf. „Mutti, Mutti, fühl einmal, wie warm meine Hände sind. Sie fühlen sich an, als sei die Sonne da hineingezogen."

Die Mutter war so ergriffen von dem Wohlbefinden des Töchterchens, dass sie es nicht gleich fragen wollte, was es denn so Schönes erlebt habe. Dafür würde sich schon noch eine Gelegenheit ergeben.

Von nun an saß Edelgard an jedem Morgen an ihrem Platz und tat, wie ihr ihr Herz eingab. Die Suppe wurde dabei kalt. Allmählich machte sich die Mutter Sorgen. So konnte das ja nun nicht weitergehen.

„Edelgard, möchtest du nicht bitte erst einmal deine Suppe essen, bevor du zu träumen beginnst am frühen Morgen?"

Aber Edelgard schaute sie an, als wollte sie sagen: „Mutti, verstehst du denn nicht? Ich werde doch gerade gestärkt."

Ihr Süppchen aß sie dann trotzdem, obwohl es schon kalt war. Sie wusste, dass das, was die Mutter ihr kochte, eigentlich recht wohlschmeckte und wollte sie auch nicht kränken.

Eines Tages, sie hatte lange so dagesessen, verspürte sie eine große Lust, die kranke Großmutter zu besuchen. Gemeinsam machten sich Mutter und Tochter auf den Weg.

„Bitte, Edelgard, versprich mir aber, dass du die Großmutter nicht zu lange mit deinen Erzählungen bedenkst", mahnte die Mutter besorgt. „Sie ist sehr krank und braucht viel Ruhe."

Edelgard versprach es und betrat ganz leise, wie auf Zehenspitzen, das Krankenzimmer. Mit trüben Augen lag die Großmutter da und hielt ihr die Hand entgegen.

„Schön, dass du mich besuchst, Kind, ich habe schon auf dich gewartet", sprach sie. „Komm, setz dich zu mir auf das Bett und erzähle mir von dir. Geht es dir gut?"

„Ja, es geht mir sehr gut, Großmutti. Der liebe Gott schenkt mir Sonnenstrahlen in meine Hände hinein, wenn ich sie falte."

„Sonnenstrahlen?", meinte mit fragendem Blick zur Mutter die Kranke. „Was meint sie denn damit?"

Die Mutter zuckte die Achseln. Sie konnte ihr diese Frage nicht beantworten.

„Gib mir deine Hand noch einmal, Edelgard, damit ich es fühlen kann." Es kam aber kein Sonnenstrahl heraus aus der Hand.

„Kind, du fantasierst. Hast du vielleicht Fieber gehabt?"

Edelgard war traurig. Die geliebte Großmutter konnte nicht teilhaben an ihrer Freude über die Strahlen in ihrem Herzen. Dabei hatte sie doch ihretwegen die Hände gefaltet und um Hilfe gebeten ...

Sie setzte sich auf einen Stuhl und weinte still vor sich hin, während die Mutter sich um die Großmutter kümmerte.

„Edelgard", raunte es da leise in ihrem Herzen, „falte die Hände, Kind, und sage deine Bitte dem lieben Gott. Er weiß Rat."

Die Stimme war so sanft, dass sie wie Hauch anmutete. Aber ein wohliges Gefühl durchzog das Kind.

Edelgard tat, wie ihr geheißen. Und wieder war es, als spüre sie eine Sonne in ihrem Herzen, die einen Strahl in ihre Hände schickte.

Die Mutter mahnte zum Aufbruch. Edelgard gab der Großmutter zum Abschied einen Kuss. Diese ergriff ihre Hand und hielt sie eine Weile ganz still in der ihren. Tränen rannen ihr über die Wangen, als sie Edelgard anschaute.

„Du gutes Kind", flüsterte sie, „was du mir da schenkst, ist kein Fieber. Ich spüre eine Wärme in dir, die Liebe ist. Komm, setz dich noch ein wenig zu mir, mein Kind."

Viele Wochen sind seitdem vergangen. Edelgard besuchte die Großmutter nun fast täglich und blieb so lange, wie es der Großmutter gefiel. Die Liebe, die aus ihren Händchen strahlte, stärkte die Großmutter auf eine wundersame Weise.

Langsam erholte sich die geliebte Großmutter so weit, dass sie aufstehen und sich ans Fenster setzen konnte. Dort hielt sie Ausschau, wenn es Nachmittag war, denn sie erwartete ihr Enkelchen mit Freuden an jedem Tag neu.

Eines Tages ging es ihr so gut, dass sie dem Kind eine Freude besonderer Art machen wollte. Sie wollte eine schöne Speise für Edelgard bereiten ...

„Was wünschst du dir denn, das ich dir bereiten könnte?“, fragte sie erwartungsvoll.

Edelgard überlegte ... was sollte sie sich denn noch wünschen? War ihr Wunsch nicht schon erfüllt worden ...?

„Du hast mich mit deiner Liebe gestärkt, Edelgard. Ich möchte dich auch ein wenig stärken. Magst du eine schöne Schokoladensuppe? Ich bereite sie dir gern.“

Edelgard zögerte. Nach Schokoladensuppe war ihr eigentlich gar nicht so recht zumute.

„Sage gern, was deine Lieblingsspeise ist, Kind, vielleicht kannst du mir ja auch helfen, sie zu bereiten.“

Edelgard fiel der Großmutter um den Hals. „Ja, ich habe eine Lieblingsspeise, Großmutti, eine ganz schöne. Und ich weiß auch, wie ich sie erbitten kann. Selbst bereiten kann man die nämlich nicht, weißt du?“

Nun war es an der Großmutter, erstaunt zu sein. „Erbitten möchtest du sie dir? Kann ich sie dir denn nicht geben?“

Edelgard konnte ihr nicht antworten ... sie war erfreut aufgesprungen und in den Garten hinausgelaufen, um ein schönes Plätzchen unter dem Baum für die Großmutter zu bereiten ...

„Großmutti, du kannst kommen, es ist alles bereitet.”

Gemeinsam saßen sie auf dem Holzbänkchen, als Edelgard begann, die Hände zu falten und ihre Bitte vorzutragen ...

„Bitte, lieber Gott, mach, dass es der Großmutti bald wieder besser geht und sie wieder ganz gesund sein kann. Stärke du sie und schenke mir einen Strahl aus deiner Sonne, damit ich sie damit streicheln kann.“

Tränen der Rührung ließen die Großmutter ganz still werden. Lange saßen sie so da, bis der Liebestrahl aus Edelgards Händchen ganz mit dem Herzen der Großmutter verschmolzen war.

Andächtig hauchte sie es mehr, als dass sie es hätte laut sprechen können:

„Danke, Gott, für dieses Kind und seine Lieblingsspeise, die du ihm schenkst.“

Träumerle

Die Geschichte handelt von Bruno. Weil es so viele Menschen mit ähnlichen Erlebnissen gibt, könnten hier fast auch die Namen Regina, Rüdiger ... oder wie sie alle heißen mögen ... stehen.
Träumerle und Nichtträumerle - alle möchten ja gern einander verstehen lernen. Darum ist diese Geschichte hier aufgeschrieben.

Nun ist es aber nicht so gemeint, dass alle Träumerle in allen Eigenarten und Schicksalen ganz genau gleich sein könnten. Dies sind Erlebnisse, wie sie nun mal Bruno geschehen sind. Zu anderen fallen uns sicher ganz andere Begebenheiten ein, die hier mit eingefügt werden könnten.

Übrigens - Träumerle gibt es nicht nur bei Kindern, oh nein. Manche sind schon längst erwachsen und sorgen sich gelegentlich um ihre Kinder, wenn die dann Träumerle sind.

Nun aber zu Bruno. Er ist ein aufgeweckter, fröhlicher Junge mit klaren, blauen Augen, der spielt und werkelt, mit seinen Geschwistern herumtobt und fast alle, die er kennt, auf seine Weise lieb hat.
Gelegentlich allerdings ... na, wir werden sehen ...

Bruno ist gerade sechs Jahre alt geworden und wohnt mit seinen Eltern und Geschwistern am Rande einer großen Stadt in einem Haus mit Gärtchen und schöner Terrasse, auf der sie spielen können.

Bald werden sie umziehen. Dann gilt es, Abschied zu nehmen vom Kindergarten, weil Bruno schon bald danach in die Schule gehen darf.

Er hat liebe Freunde, mit denen er gelegentlich auch im Hause spielt. Da geht es dann hoch her. Es wird gebaut, geknetet, gelacht und auch mal etwas getan, was den Erwachsenen weniger Freude macht als den Kindern. Denn für die gibt es danach einiges zu tun.

Als er noch kleiner war, hatte er mit seiner Schwester Josephine einmal den schönen weißen Wollteppich 'gewaschen' ... aber mit Öl, nicht mit Wasser.
Oje, da war kaum noch was zu retten. Der Teppich sah danach ganz fleckig aus. Naja ... für die Zukunft wissen sie nun, dass Öl wohl nicht das geeignete Teppich-Waschmittel sein kann ...

Bruno kann auch sehr schön malen, was seiner Oma viel Freude macht. Er schenkt ihr nämlich gern mal ein selbstgemaltes Bild. Manchmal hängt sie es in ihrem Arbeitszimmer an die Wand.

Besonders gern spielt Bruno mit Ewald. Mit ihm tollt er herum, dass die Haare nur so um den Kopf herumfliegen. Das macht so richtig Spaß.

Aber da gibt es auch etwas, das ihm Sorgen macht und seinen Eltern natürlich auch. Kürzlich zum Beispiel hatten sie beim Einkaufen Brunos Freund getroffen, der fröhlich auf ihn zugelaufen kam:

„Hallo Bruno, schön, dass wir uns treffen."

Bruno stutzte ... drehte sich kurz um, als ob er aus weiter Ferne ein Geräusch gehört hätte und tat, als würde er Ewald gar nicht kennen ...

Ewald konnte den Freund nicht verstehen. Leise sagte er noch einmal: „Hallo ...“ und ging enttäuscht zu seiner Mutter zurück.

Was mag Bruno wohl dazu bewogen haben, sich so zu verhalten, zumal er danach selbst unglücklich darüber ist? Nach solchen Situationen weiß er gelegentlich nicht so recht, was er tun könnte ... und fängt aus Verlegenheit wild zu toben an.

Abends betet Bruno ... für sich selbst und für alle seine Lieben mit. Da gibt es außer Vater, Mutter und Josephine auch noch den kleinen Paulik.

Paulik lernt gerade laufen und hat seine Geschwister sehr lieb ... so lieb, dass er ihnen gern schon aufräumen hilft, obwohl sie noch so schön spielen.

Wenn Bruno zum Beispiel gerade eine tolle Burg gebaut hat, räumt Paulik eifrig die Klötzchen weg ... natürlich die untersten zuerst. Dann allerdings wird es sehr lebhaft im Hause ...

Wie jedes Kind hat auch Bruno einen lieben Engel, der ihn beschützt und leitet. Gelegentlich kann Bruno ihn wahrnehmen; das heißt, dann kann er den Engel schauen und spüren, was er ihm zeigen oder sagen möchte. Ganz hell und licht ist er, dieser Engel. Bruno nennt ihn Lorin.

Lorin kennt alle Sorgen und Freuden, die sein Schützling hat. Er weiß auch, weshalb Bruno Kinder, mit denen er sonst so gern spielt, gelegentlich nicht sieht.
Der Engel weiß nämlich, dass Bruno manchmal noch Erinnerungen hat an das, was er nachts im Traum erlebte.

Für Bruno ist das, was er zunächst geträumt zu haben meint, in der Erinnerung so, als hätte er es wirklich erlebt.
Das ist verständlich. Wenn der Engel es für ihn so fügt, kann er nämlich im Traum in ferne Länder reisen und Kinder trösten, die in Not sind. Manchmal sind es Länder, in denen mit Waffen gekämpft wird. 'Bergenland' nannte Bruno so ein Land neulich.

Der Engel zeigt Bruno dann, wie das Leid der Kinder dort ein wenig gelindert werden könnte, wenn sie sich von Licht und Liebe umgeben fühlen.

Dies alles kann Lorin mit Bruno tun. Bruno lernt dabei, dass es noch viel mehr gibt auf diesem Erdenstern, als er in seiner Stadt oder während einer Urlaubsreise bisher sehen konnte.
Brunos Mitgefühl mit den Kindern der anderen Hälfte der Erdkugel wächst dabei, und so kann er auch für sie mit beten.
Was Gott durch seine Engel wirken möchte, sollte ja auch von den Menschen erbeten werden. So steht es schon in der Bibel, aus der Oma ihm manchmal etwas vorliest.

Wenn Bruno dann am Tag nach so einem Traumerleben neben der Kinderkarre hergeht, in der der kleine Paulik sitzt und sich die bunte Welt anschaut, denkt er gelegentlich an diese Kinder, an die Granaten, die um sie herumzischen und an das Leid, wenn sie liebe Menschen verloren haben ...

Manchmal denkt er aber auch an ganz besonders schöne Dinge, die ihm der Engel gezeigt hat.

Ob Bruno es in Augenblicken wie diesen wohl wirklich gleich hört, wenn ihn Ewald oder andere Kinder rufen? Eigentlich träumt er dann ja ein bisschen ...

Ab und zu denkt er auch darüber nach, weshalb es wohl so ist, dass einige Kinder in der Sonne spielen können, während andere zur gleichen Zeit leiden. Da hat er dann Mühe, fröhlich zu antworten.

Manchmal wünscht er sich, dass Ewald ihm doch bitte lieber begegnen könnte, wenn er nicht gerade so sehr seinen Gedanken nachhängt.

Lorin, der liebe Engel, schaut dann ein wenig besorgt zu Bruno. So sollte es ja nun eigentlich nicht sein ...
Am Tage, wenn Bruno wach ist, sollte er das tun, was so zu tun ist, wenn man wach ist.

Ewald wird sein abwesendes Verhalten kaum verstehen können, die Eltern und Geschwister wohl ebenfalls nicht.

Aber auch für Bruno ist es dann manchmal schwer, sich richtig verstanden zu fühlen und nicht einfach still in sich selbst zurückzuziehen.

Engel wissen eigentlich immer Rat. „Bruno“, haucht ihm der Engel liebevoll zu, „Bruno, da warten deine Freunde auf dich. Geh spielen. Für die anderen Dinge ist später noch Zeit.“

Inzwischen ist Bruno eingeschult und hat Freunde aus der Schule hinzubekommen. Das neue Haus ist fast fertig und es gibt viel zu tun. Das macht ihm Freude und seinen Freunden auch.

In der Schule macht er im Allgemeinen gut mit - bis auf manchmal, wenn er gerade wieder einmal ein Träumerle ist ...

In den Pausen spielt er mit den Kindern und lädt einige auch zu sich nach Hause ein. Dann träumt er tagsüber kaum noch von den anderen Dingen, die ihn so anrühren, sondern ist für alle da.

Aber kürzlich geschah es plötzlich wieder ... und das gerade beim gemeinsamen Laternegehen am Sankt-Martins-Tag.

Die Lichterstimmung im Abendschummer hatte ihn wieder zum Träumen geneigt gemacht, zumal es ja fast schon Schlafenszeit war ...

Anschließend waren alle ins Klassenzimmer gegangen, um sich bei heißer Schokolade aufzuwärmen.

Bruno, gerade wieder einmal ein Träumerle, hatte sich in die Bank gesetzt und zugeschaut, wie die anderen miteinander redeten und spielten. Ganz allein saß er da, halb wach und halb träumend.

„Bruno", hauchte der Engel, „Bruno, möchtest du nicht ein wenig mitspielen? Schau mal, die anderen Kinder sind dort."

Oh ja, eigentlich mochte Bruno das wohl, aber nun waren sie ja schon alle miteinander beschäftigt. Sollte er da jetzt noch hingehen und mitmachen?

Lorin spürte Brunos Gedanken - und wusste Rat. So sanft, als ob ein Blatt ihn berührte, tippte er ihn an:

„Krieg' mich, Bruno" ... und schon lief der Engel, für fast alle unsichtbar, los ...

Bruno tobte hinterher. Dann ging es umgekehrt. Er lief voraus, der Engel hinter ihm her ...

Für andere sah es vermutlich so aus, als ob Bruno ganz allein herumtobte, um womöglich auf sich aufmerksam zu machen.

Loretta, ein Mädchen aus der Klasse, ging auf ihn zu. Weil er ja nun nicht mehr träumte, hatte er Freude daran, nicht allein dazusitzen und machte mit.

Könnten wir doch auch mithelfen, dass Träumerle wie Bruno am Tage ganz wach sein und sich damit zugleich auch besser verstanden fühlen können ...

so wach, dass zum Beispiel Freunde wie Ewald nicht traurig weitergehen müssen, weil der liebe Freund sie nicht sieht.

Zum Träumen bleibt ja immer noch ganz viel Zeit. Träumen zur rechten Zeit kann hilfreich sein, besonders für die Menschen, an die der liebe Bruno dabei denkt und dann gelegentlich für sie betet.

Schön ist es für Bruno auch, einfach nur mal so an den Engel zu denken und an all das Schöne, das der ihm zeigt. Aber auch dafür bleibt noch viel Zeit.

Aus Flora (der Pflanzenwelt) und Fauna (der Tierwelt) könnten wir uns einiges abgucken. Da leben es manche Mitgeschöpfe recht anschaulich vor ...

... aus der Fauna:
Der Schmetterling weiß, wann er wach sein und sich und andere mit seinem Flügelschwingen erfreuen sollte, und wann es Zeit ist für die Stille, in der er ruhen und träumen kann vom nächsten Sonnenschein.

... aus der Flora:
Das Gänseblümchen ist am Tage ganz wach. Es breitet seine Blütenblättchen zur Freude aller ganz weit aus - und zieht sie zur Ruhezeit wieder in sich zusammen.

Wer mir dies alles erklärt hat, um es für Bruno und alle anderen, die gern jeweils zur rechten Zeit wachsam oder Träumerle sein möchten, aufzuschreiben?

Lorin, der liebe Engel, der hat es mir erzählt. Wie alle Menschen, die dich lieb haben, möchte auch dein Engel, dass es dir, lieber Bruno und allen anderen 'Träumerles' - wie sie auch gerade heißen mögen - gut geht ...

... dass du am Tage als waches, fröhliches Kind - das natürlich auch mal nachdenklich und auch mal traurig sein darf - ganz auf der Erde bist und in den Ruhezeiten gern auch das liebe, hilfreiche Träumerle sein magst.

Wer hat denn nun Angst vor wem?

In einer Scheune gleich hinter dem Wald lebt die Piep-Familie mit ihrem reichen Verwandtenstaat. Die Pieps fühlen sich wohl hier und geborgen, und es gibt Nahrung in Fülle.

Piep, das Obermäuslein in dieser Großfamilie, ist zufrieden. Seine Kindlein und anderen Verwandten tummeln sich im Heu, und es raschelt fröhlich in der Scheune. Sorgen gibt es wenige. Eigentlich nur eine, und die ist Kater Schnurr.

Kater Schnurr ist ein betagter alter Herr aus der Mau-Familie. Der sucht sich auf seine alten Tage gern ein Plätzchen, an dem er träumen kann. Vor ihm heißt es auf der Hut zu sein.

Er hat sein Temperament zwar schon weitgehend abgelegt und das quirlige, unternehmungslustige Treiben an seine Nachkommen abgegeben, aber sicher kann man als Maus vor ihm dennoch nicht sein.

Kater Schnurr bekommt ein liebevolles Gnadenbrot bei den Menschen. Es sind liebe Menschen, bei denen Schnurr wohnt, und auch sie sind sehr zahlreich um ihn herum. Es ist ja eine Bauernfamilie, und die ist gar nicht so sehr klein.

Schließlich gibt es viel zu tun auf dem Feld und im Stall, und die Kinder haben so ihre Ideen im Kopf.

Ursula zum Beispiel, die jüngste Tochter der Familie, ist gern unterwegs auf Entdeckungsreise. Selten einmal führt sie ihre Abenteuerlust auch zur Scheune, eigentlich nur dann, wenn sie am Teich, nahe des Waldes gelegen, ein Fröschlein oder eine Schlange wahrnimmt und ihnen folgen möchte.
Es muss ja alles ergründet werden, wenn man so rege und abenteuerlustig ist wie Ursula.

Eines Tages sitzt sie wieder am Teich und beobachtet das Treiben auf dem Wasser. Auf dem Wasser gibt es ja eine ganze Menge zu beobachten.
Da sind die Schlittschuhläufer, die da munter hin und her gleiten ... nein, nicht die Menschen mit den Schlittschuhen an den Füßen sind gemeint. Die müssten ja, wenn das Wasser gefroren ist, auf dem Eis laufen oder ihre tollkühnen Kurven ziehen.
Gemeint sind winzige Tierlein, die ähnlich aussehen wie Spinnen, und es ist interessant, sie in ihrer Bewegungsfreudigkeit zu beobachten.

Ursula meint, im Gras ein Geräusch zu hören, das langsam näher kommt. Es ist ein Marder, den sie hier nicht vermutet hat.

Was mag der hier nur wollen? Sie sieht, dass auf einem Stein in der Nähe eine Schlange ein Sonnenbad nimmt.
Es ist eine Ringelnatter, die hier im Gras am Teich lebt. Will er sich an sie heranschleichen und am Ende gar fressen? Ursula ruft ganz erschrocken aus:

„Marder, tu es nicht. Schau, wie schön sie ist. Gell, du findest auch etwas anderes, was dich beglücken kann?“

Aber der Marder reagiert nicht auf Ursula. Kann er die Menschensprache vielleicht nicht verstehen?

„Natter, Natter, kringel dich ein und rutsche ins Gras, dass er dich nicht finden kann“, versucht sie nun, die Natter anzusprechen.
Aber die Natter scheint Ursula ebenso wenig zu verstehen wie der Marder.

Wieder hört sie ein Geräusch. Es ist Schnurr, der Ursulas Stimme kennt und sie versteht.
Schnurr springt mit einem Satz auf den Marder zu und will ihn verjagen. Aber Schnurr ist ja nun schon ein älterer Herr, und so ist sein Satz etwas zu kurz bemessen. Er setzt gerade vor der Natter an dem Stein auf und erschreckt das Kriechtierchen erheblich. Die Natter schnellt davon, auf Ursula zu.

Ursula liebt die Natter und hat eigentlich keine Furcht vor ihr, aber in diesem Zustand, in dem sich die Natter nun auf sie zubewegt, ist ihr nicht geheuer dabei. Sie rennt davon, auf die Scheune zu. Dort wird sie ganz sicher sein können ...

Aber die Natter, selbst irritiert, was sie eigentlich sinnvoll tun könnte, folgt ihr noch eine Weile. Und nun beginnt Ursula zu weinen. „Zu Hilfe! Zu Hilfe!“, ruft Ursula und läuft noch etwas schneller.

Kater Schnurr kennt diesen Ruf von ihr noch nicht. Er kommt herbei und sinnt nach. Weshalb ruft Ursula denn so verschreckt? Was könnte er tun?

Schon sind sie angelangt bei der Scheune. Schnurr weiß, dass Ursula irgendetwas stört, das sich bewegt. Aber er hat noch nicht so recht erkannt, was das denn sein könnte.
So ist jetzt auch Schnurr irritiert, und zudem hungert es ihn allmählich. Ein solcher Satz ist ja eines Katergreises auch eigentlich nicht würdig.

Schnurr versteht nicht mehr so recht, was das alles bedeuten soll. Vor allem nicht, weshalb er noch bei Ursula ist, wo es ihn doch hungert und er sich nach der Milch sehnt, die im Schüsselchen im Hofe steht.
Ja, nun ist das Dilemma da ...
Die Mäuslein hören erstaunt die seltsamen Laute.

Piep pfeift mit schrillem Ton, und das bedeutet: „Achtung! Achtung! In die Verstecke, Kinder! Es droht Gefahr!“

Oje, wie sollen sie so schnell ihre Verstecke finden, wo doch so große Eile geboten ist?
Ein Mäuslein aus der Piepfamilie weiß sich zu helfen. Schnell kriecht es an Ursulas Bein hoch und unter ihren Rock. Hier ist es warm, und hier wird Schnurr es nicht vermuten.
Aber Ursula ist so verschreckt von dem eben noch so seltsamen Geschehen, dass sie jetzt schreit, was

die Kehle hergibt: „Zu Hilfe! Zu Hilfe! Sie wollen mich angreifen! Sie wollen mir etwas tun!“

Da fasst sie etwas sanft, sehr sanft bei der Schulter, und es haucht in ihre verschreckten Ohren hinein:

„Ruhig, Ursula; ganz ruhig. Niemand greift dich an, und im Grunde haben diese verschreckten Tierlein selbst mehr Angst als du.
Schau doch einmal, wie Schnurr ausschaut. Er ist sehr gebeugt vor Kummer. Und schau dir einmal das Mäuslein an. Es sucht Schutz bei dir, Ursula, weil es Angst hat. Es hat deine Wärme und deine Liebe gespürt und deshalb bei dir Schutz gesucht. Hast du nun immer noch Angst?“

„Ja, ein wenig. Was war denn nur los? Warum ist denn alles so gekommen?“, schluchzt Ursula, „und wer bist denn du?“

„Ich bin dein Engel. Du hast doch um Hilfe gerufen.“

„Mein Engel? Aber ich kann dich doch gar nicht sehen. Wo bist du denn?“

„Ich halte dich getrost in meinen Armen, Ursula. Du brauchst dich nicht zu fürchten. Wenn ein Mensch in der Nähe gewesen wäre, hätte ich ihn in seinem Herzen gebeten, zu dir zu gehen und dich zu trösten. Du kannst ja Menschen sogleich erkennen. Die lieben Menschen sind aber gerade alle auf dem Feld, etwas entfernt von hier, und die Großmutter macht gerade ein Nickerchen. So bin ich selbst zu dir gekommen."

„Ja ... wie schaust du denn aus?"

„Ich schaue sehr zart und fast durchsichtig aus; fast wie ein Hauch, und ich trage ein langes, weißes Gewand."

„Schade, dass ich dich nicht sehen kann."

„Das kann sich noch ergeben, Ursula. Schau, du hörst mich ja schon. Du kannst mich ja spüren, und du bist so liebevoll in deinem Herzen, dass diese Liebe ein schönes Band zwischen uns geknüpft hat."

„Oh Engel, lieber Engel, ich glaube, ich habe eben die Liebe ein bisschen vergessen, als ich so davonlief. Was war denn da nur mit mir los?"

„Schön, dass du nach dem Hintergrund deiner Not fragst, Ursula. Denn wenn du fragst, darf ich dir antworten. Dann ist dein Herz bereit dafür. So höre denn:
Du fühlst dich mit allem, was ist und was lebt, sehr liebevoll verbunden, und du kannst mit allem ein wenig mitfühlen.
Darum verstehst du auch die Eigenart der Kreatur aus dem Herzen heraus. Das heißt, eigentlich schaust du nicht nur mit den äußerlich sichtbaren Augen, sondern auch mit dem liebenden Herzen. Ja, und die Tiere, die dies noch nicht können, verstehen dann weniger von dir als du von ihnen.

So ist es ja auch bei den Menschen. Einer kann gelegentlich den anderen schon besser verstehen als umgekehrt.
Das hängt dann auch damit zusammen, dass bei dem einen Menschen das Herz schon mit schauen und mit hören kann, und beim anderen möchte es erst noch dahin erwachen."

„Ja, danke. Das kann ich verstehen. Das kann ich auch fühlen in meinem Herzen. Aber weshalb war ich denn so ängstlich? Die Natter konnte mir doch eigentlich gar nichts tun."

„So ist es, Ursula. Das empfindest du ganz recht. Aber schau: Du hast die Gefahr erkannt, in der die Natter geschwebt hat. Dein liebendes Herz hat die Angst der Natter gespürt und von dieser Angst etwas mitgetragen.
Das hat ihr gut getan, und sie hat nach kurzer Zeit ein Schlupfloch gefunden, wo sie sich verkriechen konnte.
Du hast mit dem liebevollen Mittragen einen Teil der Angst der Natter in dir gespürt, und dadurch konnte die Natter mit weniger Angst etwas klarer erkennen und sich aus der Gefahr befreien."

„Ach, dann habe ich Natterlis Angst in mir gespürt, und dadurch konnte sie gerettet werden? Schön, dass der liebe Gott das zugelassen hat.
Ich bete nämlich jeden Morgen zu ihm, dass er alle Tierlein beschützen möge. Nun hat es ihm gefallen, dass ich ihm dabei helfen durfte?"

„Ja Ursula, so ist es. Du erspürst es gut.“

„Danke“, frohlockt Ursula. „Danke, dass der liebe Gott so lieb ist.“

Der Engel schmunzelt. So hat er sein zu beschützendes und zu leitendes Menschenkindlein wieder in die Ruhe bringen können.

Ja, aber was ist denn das? Die Verwirrung bei Schnurr und der Familie Piep ist eine ganz andere geworden ... die Angst hat sich verwandelt und großem Erstaunen Platz gemacht.
Einträchtig hocken sie nebeneinander auf dem Scheunenboden. Ihre Angst haben die Pieps ganz vergessen, so wie Schnurr vergessen hat, dass er eigentlich Hunger verspürte.

Ob das wohl daran liegt, dass Ursula erkannt und ihr Herzchen in so großer Liebe schwingt, dass Angst darin und um sie herum gar keinen Raum mehr hat? Das könnte sein, denn alles, was von den Menschen ausgeht, wird ja auch im Äußeren spürbar. Hier jedenfalls ist von Angst und Verwirrung nichts mehr übrig geblieben.

Der Engel hat seinen schönen Liebedienst an Ursula in Liebe erfüllt und Ursula hat die Liebe weiter strahlen lassen können auf alles, was um sie herum ist.

Ob es sich ähnlich wohl auch bei anderen Menschen mit anderen Ängsten und Nöten regeln könnte?

Vom Samenmännlein, das nicht wachsen wollte

Vor langer Zeit geschah es einmal, dass ein Apfelkernchen, das liebevoll von Kinderhand in den Boden gelegt worden war, nicht tun wollte, wie ihm geheißen wurde.

Es war ein reifes Kernlein, das einer sehr schönen Frucht, einem süßen Apfel entnommen worden war, der auf dem Weihnachtstisch von Kathrinchen gelegen hatte.

Rotbäckig schaute er aus, dieser wunderschöne Apfel und er leuchtete zwischen all den schönen Dingen, die auf dem Weihnachtstisch gelegen hatten.
Es war aber so, dass der Apfel nicht so recht Beachtung gefunden hatte zwischen all den schönen Gaben, und so wartete er und wartete und wurde langsam welk in seiner schönen, strahlenden Haut.

Der Apfel grämte sich. Warum war er denn nicht beachtet worden? Was mochte es nur sein, das die Augen der Kinder so sehr ablenkte?

Kathrinchen saß vor einem Gebilde, das aussah wie ein alter Stall. In diesem alten Stall war eine Krippe, und darinnen lag ein Baby.

Menschen standen darum herum. Sie knieten vor dem Baby. Tiere lagen in der Nähe und wärmten es mit ihren warmen Ausdünstungen.

So jedenfalls behauptete es Kathrinchen, für die diese Dinge offenbar zu leben schienen.

‘Warum nur ...?’, dachte der Apfel. ‘Diese Figuren da sind doch aus Ton und ganz steif. Ich dagegen habe Saft und Süße in mir. Was haben denn die Menschen nur von so einem Spielzeug?’

Der Apfel war traurig, und diese Traurigkeit ließ ihn knitterig werden in seiner schönen Haut.

Dann wurde es Abend. Kathrinchen suchte nach dem kuscheligen neuen Teddy und ließ sich ins Bett bringen. Schön war es gewesen, schön ...

Im Weihnachtszimmer wurde es still. Aber was war denn das? Woher kam denn diese Stimme? Kam sie herüber aus dem Stall?

„Apfel“, klang es lieb und sanft, „Apfel, ich liebe dich.“

„Wer liebt mich ...? Wer liebt mich denn? Davon merke ich nichts.“

„Apfel, gräme dich nicht. Schau, auch du wirst noch Beachtung finden; viel mehr, als du dir vorstellen kannst. Es ist doch jetzt ein besonderes Fest. Weißt du davon nicht?“

„Ein besonderes Fest? Ja, Weihnachten. Ein Fest, an dem sich alle freuen. Nur unsereinen vergisst man dabei.“

„Apfel, wo ist denn deine Liebe?“

„Liebe? Ach du meine Güte ... Liebe ... wo sollte ich die wohl hernehmen?“

„Apfel, du hast viel Liebe bekommen. Erinnerst du dich nicht? So viele Sonnenstrahlen haben dich mit Licht und Liebe getränkt, als du am Baume hingst. Liebevoll haben dich die Sylphen gepflegt, als du noch eine Blüte am Baum gewesen bist. Du bist Teil eines schönen, gesunden Baumes geworden und du bist von schöner Gestalt.“

„Ja, das bin ich.“ Der Apfel war sehr zufrieden bei diesen Worten. „Schön bin ich wirklich geworden, und eine schöne Blüte war ich auch. Die Bienen mochten meinen Nektar.“

„Na, siehst du. Es gibt so viel Schönes auf deinem Weg. So gräme dich doch jetzt nicht.“

„Die Krippe da, diese tönernen Figuren und diese steifen Puppen, die sind es, die jetzt viel wichtiger scheinen“, schmollte der Apfel erneut. „Ich will auch beachtet werden.“

„Aber schau, Apfel, das ist doch ganz recht so. Das ist doch die Erinnerung an die Geburt des Herrn. Da sind die Herzen der Menschen doch sehr offen und schauen gern auf das Christkindlein.“

„Auf das Christkindlein? ... dass ich nicht lache“, meinte der Apfel ironisch. „Dieses steife Ding da soll das Christkindlein sein? Hahaha ...“, klang es noch nach ... Die Stimme schwieg.

Dann tönte es erneut ganz zart und sanft. Und wieder schien diese Stimme dort aus dem Stall zu kommen:

„Apfel, ich will dir zeigen, dass ich dich liebe. Ich liebe nämlich alles, was ist und werden möchte. Kathrinchen wird dir meine Liebe bezeugen, weil ich es ihr ins Herz hineinlegen werde.“

„Ihr ins Herz? Warum legst du es mir denn nicht selbst in mein Haus?“

„Das versuche ich ja schon geraume Zeit, Apfel. Du nimmst meine Liebe ja nicht wirklich an. Du kannst auch noch nicht verstehen.
Aber du wirst Gelegenheit bekommen, deine Eitelkeiten zu überwinden und dich an der Schönheit der Schöpfung zu freuen. Ich werde dir eine schöne, große Aufgabe zuteil werden lassen.

Du wirst dich verändern und wachsen. Ich werde meine kleinen Boten, die lieben Feen und Elfen, bitten, dir dabei behilflich zu sein.
Du wirst zu einem großen Baum heranreifen können, an dem viele Blüten ein hübsches Festkleid um dich legen werden, um die Menschen zu erfreuen.

In der Reife wirst du Früchte tragen, aber höre ...“, die Stimme wird sehr ernst, „höre gut zu, Apfel. Alles ist freiwillig.

Du darfst mein Liebegeschenk annehmen und nutzen, wenn du es willst. Du hast auch die Freiheit, es zurückzuweisen. Überlege es dir gut und in schöner Ruhe. Du hast ja noch Zeit dazu."

Lange überlegte der Apfel nicht.

„Ja, ich will. Wer immer du auch bist, der mir das verspricht. Ich will es und werde den Menschen schon zeigen, wer hier schön ist und wer mächtig und größer als sie.
Wenn ich nämlich die Menschen nicht beachten will, dann werde ich einfach keine schönen Früchte tragen, und dann sind sie gerade so enttäuscht wie ich jetzt."

„Apfel", mahnte es aus dem Stall, „Apfel, überlege gut und wisse, dass auch das eitel ist. In der Eitelkeit aber wirst du nicht wahrlich schön sein.
Schönheit ist lieb und sanft. Was du willst, ist Macht und Triumph."

„Ja, den will ich", sagte froh der Apfel, „und ich werde glänzen und ihnen zeigen, was ich kann."

Die Stimme schwieg. Ja ... wo kam sie denn her?

Viele Monate sind vergangen.
Es ist Sommer. Kinder spielen mit ihren Püppchen im Garten. Kathrinchen sagt liebevoll: „Püppi, ich komme gleich wieder zu dir. Ich möchte nur mal eben nachschauen, ob mein Samenkörnlein schon zu einem Pflänzchen herangewachsen ist."

Aber so gut sie auch hinschaut: Von einem kleinen, werdenden Apfelbaum ist nichts zu entdecken. Kathrinchen setzt sich auf einen Stein und ist ein wenig traurig.

Sie erinnert sich an das, was sie in der Nacht in der Weihnachtszeit im Traume gehört hatte: Es war da von einem Apfelkernchen gesungen worden, das in einem Haus im Apfel wohnt und gern zu einem großen Baum heranreifen wollte ...

Dabei war ihr eingefallen, dass auch ein Apfel auf ihrem Gabentisch gelegen hatte, den sie sich gleich am nächsten Morgen einmal ganz genau von innen anschauen wollte.

Biss für Biss hatte sie vorsichtig das schöne, etwas welke Apfelfleisch abgenagt, um in das Kernhaus hineinschauen zu können.

Ein Kernchen hatte sie sorgsam in ein Kästchen gebettet, um es im Frühling in den Boden zu legen; gerade so, wie ihr im Traume geheißen worden war. Aber es war leider nichts daraus gewachsen.

„Kathrinchen“, klingt es da plötzlich leise in ihr, „Kathrinchen, schau, hast du das Kernlein auch gut begossen? Hast du ihm Liebe geschenkt, damit es wachsen kann?“

„Oh, nein“, gesteht Kathrinchen, „das habe ich vergessen. Wer bist du denn, der da so lieb mit mir spricht?“

„Ich bin dein Engel, Kathrinchen, und ich erinnere dich an das, was dir das Christkind an Weihnachten ans Herz gelegt hat. Hast du das Pflänzchen denn lieb, das du so gern wachsen lassen möchtest?“

„Oh ja, ich habe es lieb. Das habe ich doch versprochen, und das meine ich auch so. Aber ich wusste noch gar nicht, dass das allein nicht genügt, dass ich das weiß. Ist es richtig, dass das Kernlein es auch erfahren sollte?“

„So ist es, Kathrinchen, gerade so. Es möchte deine Liebe spüren.“

Wie der Blitz ist Kathrinchen auf und davon ...
Aber nein, es ist nicht weggelaufen. Es hat nur seine kleine Gießkanne geholt und Wasser aus der Wanne, die zum Baden auf der Wiese bereitgestellt worden war.
Abgestandenes Wasser ist ja nicht so kalt wie das Wasser aus der Leitung ... und das Kernlein, das nun schon so lange in der Erde schlief, sollte ja nicht erschrecken.

Viele Jahre sind vergangen.
Kathrinchen ist zu einem jungen Mädchen herangewachsen. In einer Hängematte unter einem schönen, ebenmäßigen Apfelbaum genießt sie ihre Freizeit.

Gelegentlich träumt sie noch von einem Apfel, der schon leicht verwelkt gewesen war. Dann fällt ihr auch die Stimme aus dem Traum ein, die so lieb und schön war. Sie träumt von einem liebenden Engel, der sie die tätige, spürbare Liebe gelehrt hatte ... und sie träumt von einem Samenmännlein, das nicht wachsen wollte, weil es sich nicht geliebt gefühlt hatte.

Wer steckt hinter dem Gartenzwerg ?

Lilo ist ein kleines Mädchen von fünf Jahren. Sie spielt gern im Garten der Eltern mit ihren Püppchen und hin und wieder auch mit einem großen bunten Ball.
Die Püppchen bleiben ja brav da sitzen oder liegen, wo es Lilo gerade gefällt ... Anders ist es da schon mit dem Ball. Der rollt und rollt und landet nicht selten dabei im Blumenbeet. Dann ermahnt die Mutter:

„Lilo, bitte pass ein wenig auf, damit du die Blumen nicht zertrittst, wenn du dem Ball nachläufst.“

An einem strahlenden Junitag gibt es im Garten eine Veränderung. Tante Gusti kommt zu Besuch und bringt eine seltsame Puppe mit. Sie sagt, das sei ein Gartenzwerg.

‘Zwerge gibt es doch eigentlich nur im Märchen, sagt Mama immer’, denkt Lilo bei sich, aber sie sagt es nicht.

Am Sonntag darauf bekommt Lilo Besuch von Ruth und Lisa. Alle drei spielen sie mit den Püppchen auf dem Rasen. Da sagt Ruth:

„Mein Kind hat Hunger, ich muss ihm ein paar Beeren pflücken. Ein paar Blumen müssten eigentlich auch mit auf dem Tisch stehen, damit das Kind es recht schön hat.“

Hmm ... Lilo denkt nach. 'Eigentlich ist es doch gar nicht so verkehrt, was Tante Gusti gesagt hat. Die Puppe sieht ja auch aus wie ein richtiger Mensch Und wenn die Menschenpuppe sowas ist wie ein Kind von einem Kind ...

Ja, was ist dann das Kind, das mit dem Gartenzwerg spielt? Der hier ist doch auch nur eine Puppe - in Wirklichkeit.
Wo ist denn der richtige Gartenzwerg, der damit spielt, und wo ist die Mama von dem richtigen Gartenzwergkind?'

Ruth ruft: „Hallo, Lilo, warum spielst du nicht weiter? Wir brauchen noch ein bisschen losen Sand. Der ist dann für mein Kind der Zucker. Was hast du denn, warum denkst du so viel nach?"

„Wisst ihr", meint Lilo nachdenklich, „ich habe da gerade etwas entdeckt. Aber nicht wirklich, versteht ihr? Ich habe etwas herausgefunden, das ich nicht sehen, aber ahnen kann."

Dann berichtet sie von ihrer Entdeckung. Ruth und Lisa hören aufmerksam zu. Alle drei überlegen, wo wohl die scheuen wirklichen Gartenzwerge wohnen, die sich nicht zeigen mögen.

Dass es aber welche geben muss, ist ihnen jetzt klar. Ulla von nebenan spielt ja auch immer mit einem Stoffhund ... und Hunde gibt es ja auch in Wirklichkeit ... Also muss es auch Gartenzwerge geben.

„Sicher hat er einen ganz dicken Bauch“, meint Ruth. „Guck mal, dein Kind hat ja auch einen.“

„Ich glaube, er hat eine große Nase und ganz wenig Haar“, meint Lisa. „Sonst hätte der Kleine ja keine so große Mütze auf, die seinen Kopf schützen muss.“

Lilo ist anderer Meinung: „Nein, ich glaube, dass der ganz dünn ist. Der muss ja durch all die Blumen durchlaufen können.
Ich glaube auch, dass er große Ohren hat, damit er seine Kinder hören kann, wenn sie sich zwischen den Blumen verstecken.“

„Was macht ein Gartenzwerg eigentlich? Hat er eine Arbeit?“, will Ruth wissen.

„Na klar“, meint Lilo „der muss doch für seine Familie sorgen.“

„Aber warum heißt er denn Gartenzwerg? Eigentlich müsste er dann doch eine Aufgabe im Garten haben.“

„Na klar, die hat er auch. Er muss, glaube ich, aufpassen, dass die Käfer die Blumen nicht aufessen. Ja, und er muss auch aufpassen, dass die Würmer die Wurzeln nicht abknabbern.“

„Nein, das doch nicht“, wirft die schlaue Lisa ein. „Würmer lockern doch nur den Boden. Mäuse nagen die Wurzeln ab, sagt Onkel Sepp immer.“

Lange haben die Kinder noch auf dem Rasen gesessen und darüber nachgedacht, ob wohl ein richtiger Gartenzwerg eine Arbeit hat, wie viele Kinder er wohl haben mag und wann man ihn vielleicht doch mal sehen könnte ... vielleicht, wenn man nicht so laut ist und gut hinschaut?

Wenn es Gartenzwergpuppen - als Abbilder der Wichtel - gibt ... wie viele liebevolle kleine Wesen dann wohl noch existieren, die sich den Menschen zwar nicht gern zeigen, die aber fleißig helfen, dass alles wächst und gedeiht ...

Mag es wohl außer Feen, Elfen, Sylphen, Wurzelmännlein - und wie sie alle heißen mögen - weitere geben, von denen wir Menschen im Allgemeinen bisher noch nichts wissen?

Schlüsselchen der Liebe

Es war einmal ein kleines Mädchen, das lebte mit seiner kranken Mutter allein in einem kleinen Häuschen am Rande der Stadt. Es wollte ihr gern helfen und bat den lieben Gott um die Gnade erleuchtender Gedanken, denn es liebte seine Mutter sehr.

Irgendwann einmal hatte es gelesen, dass es möglich sei, einen Menschen zu erlösen, der von Unheil und Unglück befallen scheint.

Christinchen machte sich auf, Gott zu suchen, um seinen Rat einholen zu können. Wo könnte er wohl zu finden sein? Ob er sich sehr versteckt aufhielt?

Sie lief durch die Straßen, schaute in die Warenhäuser, suchte in Schulen, in Parks, ja schließlich auf der Landstraße. Irgendwo musste Gott ja zu finden sein. Wie mochte er wohl ausschauen?

Schließlich kehrte Christinchen mit müden Füßen heim. Gott hatte sie nirgends gefunden. Traurig sank sie nieder ... es war schwer, die geliebte Mutter so leiden zu sehen und nicht helfen zu können.

Ob Gott sich vor ihr verborgen hielt? Hatte sie womöglich irgendwann einmal ein Unrecht getan, dass er ihr deshalb zürnte und sich von ihr nicht finden lassen wollte? Aber sie wollte doch so gern etwas tun können und brauchte dazu den rechten Rat. Alles andere wollte sie dann schon selbst erledigen.

Warum, fragte sie sich, ließ Gott sie wohl so viele unnütze Schritte tun, suchen bis zur Erschöpfung? Brauchte er sie nicht? Übersah er sie, weil sie ihm nicht wert genug war, beachtet zu werden?

Sie sank in die Knie, glitt in eine endlos scheinende Leere ... Die Stille hatte Christinchen erfasst ... eine namenlose, unendliche Stille; Geborgenheit.
Lange fühlte sie sich darin eingehüllt. Dann nahm sie eine feine, liebevolle Stimme in sich wahr:

„Christinchen, du hast mich gesucht? Schau, ich bin doch hier ... mitten in deinem eigenen Herzen. Warum läufst du so weit? Mich findest du in jedem meiner Geschöpfe - und wenn du mich dort nicht erkennen kannst, weil dir der Zugang verwehrt ist, so bediene dich deines Schlüsselchens. Schau, wie es leuchtet ..."

Christinchen nahm in ihrem Inneren ein funkelndes kleines Lichtschlüsselchen wahr. Es hatte die Form eines Kreuzes, das an seinen Armen je ein Herzchen zu halten schien. Ein Himmelsschlüsselchen ... ein Schlüsselchen der Liebe!

„Gib gut Acht auf dieses Schlüsselchen, Christinchen. Nimm das Kreuz, das ich dir geschenkt habe, an. Es ist der Schlüssel zu den Herzen der Menschen, der Schlüssel zu mir, denn ich bin die Liebe selbst und kann nur über die Brücke der Liebe, die dich mit mir und allen meinen Geschöpfen verbindet, erreicht werden. Diese Brücke ist das Kreuz.

Richte nicht und werte nicht. Das Kreuz, das ich meinen Kindern schenke, hilft ihnen auf kürzestem Weg zu wahrem Leben, denn mein Reich ist das Sein. Euch Menschen trügt noch leicht der Schein.

Mein Kreuz hat vielerlei Gestalt. Ihr nennt es Schicksal, Krankheit, Leid ..., doch ist es pure Liebe."

Christinchen erwachte aus der Stille wie aus einem tiefen Schlaf. Hatte sie geträumt? Aber nein, da war die feine Stimme ja wieder:

„Na, Christinchen, wollen wir gleich anfangen, dein Kreuz zur Brücke werden zu lassen zwischen den Herzen der Menschen? Meine himmlischen Diener helfen gern dabei. Durch sie vernimmst du auch meinen Rat.

Baut einander Brücken, Christinchen. Jede Träne des Schmerzes wird zum funkelnden Kristall. Über diese leuchtenden Kreuze werdet ihr einst alle den Weg in mein Reich, den Weg zu meiner Liebe finden können. Das Schlüsselchen dazu hast du bereits entdeckt."

Cordula erinnert sich

Fips und Cordula machen Ferien auf dem Bauernhof. Sie treffen sich dort nun schon das dritte Jahr und kennen die Gegend recht gut.

Fips ist ein Großstadtkind und genießt es, mal so recht durch die Landschaft streifen zu können. Cordula, die in einem Internat lebt, ist nur während der Ferienzeiten bei den Eltern.

Fips spuckt große Töne. Er habe vor nichts und niemand Angst, denn wer in der Großstadt aufwächst, der sei mit allen Gefahren vertraut.
Cordula ist ein wenig zurückhaltender.

An einem fast windstillen Nachmittag schlendern Cordula und Fips durch Wälder und Felder ... und verplaudern sich. Auf den Weg haben sie dabei schon lange nicht mehr geachtet. Sie kennen sich ja aus und haben Zeit ...

Cordula lacht: „Weißt du, Fips, eigentlich plaudert es sich ebenso nett auf dem großen Stein da. Und wenn das, was ich in der Hosentasche habe, nicht schon geschmolzen ist, können wir uns etwas Leckeres dabei schmecken lassen."

„Eine gute Idee."
Die mit Schokolade überzogenen Trockenfrüchte, die Cordula so gern isst, löschen zugleich auch ein wenig den Durst.

Plötzlich stößt Cordula Fips kaum merklich an. „Du, schau mal, aber ganz vorsichtig ...", flüstert sie, „wir sind hier nicht allein auf dem Stein."

„Eine Natter", entringt es sich Fips. „Wollen wir ihr nicht unseren Platz überlassen? Sie hat hier ja wohl ein Recht darauf."

Das Reptil flößt beiden enormen Respekt ein. Es ist etwa halb so lang wie sie selbst, aber in ihrem Erleben hat sie mindestens die Größe einer Riesenschlange.

„Bleib still sitzen, Fips, damit sie nicht erschrickt. Schau doch genau hin. So sehen keine Nattern aus. Wenn ich im Bio-Unterricht richtig aufgepasst habe, ist das eine Kreuzotter. Die haben solche Muster auf dem Rücken wie sie und ... sind giftig", möchte Cordula sagen ...
Aber bevor sie ihren Satz beenden kann, ist Fips schon aufgesprungen. Angst hat er ja nicht, wie er sagt, aber weglaufen kann wohl auch nicht schaden.

Die Schlange schnellt mit gewandten Schwüngen vom Stein und landet neben Fips auf dem Boden. Fips trampelt, um sie zu vertreiben.

Gerade das aber erschreckt die Schlange erneut. Sie beißt Fips in den Fuß, der leider nur mit offenen Sandalen bekleidet ist.
Für sie ist er ein natürlicher Feind, gegen den sie sich verteidigen möchte. Schließlich fühlt sie sich ja erschreckt und bedroht.

Cordula ist entsetzt. „Oh Fips, was sollen wir nur machen? Sie hat dich gebissen.“

„Hol Hilfe. Schnell, beeile dich. Ich kann nicht mitkommen. Es schmerzt zu sehr.“

„Hilfe holen? Weißt du noch, in welcher Richtung der Hof liegt? Ich habe gar nicht so recht auf den Weg geachtet.“

Fips weiß es in seiner Aufregung auch nicht. „Egal, lauf, hol Hilfe“, fleht er.

Cordula zögert ...
„Und was geschieht, bevor Hilfe kommt? Ich kann dich doch hier nicht allein lassen. Ich wüsste ja nicht einmal wieder herzufinden.“

Spontan betet sie. Gott weiß ja immer Rat, sagen sie im Internat. Aber hat Gott denn Hände, die Fips jetzt zum Hof tragen könnten?

Sie setzt sich auf den Stein und weint, weil sie sich nicht so recht vorstellen kann, wie Gott da helfen könnte. Wie sollte das denn sein ...? Aber eines ist gewiss: Allein lassen wird sie den Freund nicht.

Fips ist offenbar vor Schreck eingeschlafen. So schließt sie die Augen und sinnt nach.

Da ist ihr, als höre sie im Inneren eine Stimme. Es scheint die Stimme der Bio-Lehrerin zu sein, an die sie sich plötzlich erinnert ...

„Was kann man tun, wenn eine Kreuzotter zugebissen hat? Man nimmt ein Tuch, ein Band oder was gerade greifbar ist und bindet das Bein ein gutes

Stück oberhalb der Bissstelle ab, damit das Gift nicht so schnell aufsteigen kann. Dann saugt man die Wunde aus, so gut es geht."

Cordula springt auf, nimmt ihr Stirnband und tut, wie sie es erinnert hat. Etwas angeekelt spuckt sie das ausgesaugte Gift wieder aus. Ob es ihr jetzt wohl selbst schaden wird?

‚Ach was. Wenn ich keine Angst habe, wird mir wohl so leicht nichts dabei passieren', denkt sie.

Das erinnert sie nämlich plötzlich auch. Frau Bärlein hat immer wieder gesagt, dass Angst alles schlimmer macht, weil sie die Nerven anfeuert und die Nerven wiederum noch anderes. Und dann erst wird es so richtig schlimm.

Etwas ermattet öffnet Fips die Augen. Er spürt, dass Cordula neben ihm auf dem Boden hockt. Sie greift nach seiner Hand.

„Ich bleibe bei dir, Fips, bis Hilfe kommt. Vielleicht hilft Rufen. Manchmal schallt es ja weit in den Bergen. Vielleicht hört es jemand."

Wie lange sie gewartet haben, wissen sie nicht mehr, aber Hilfe ist gekommen. Pilzsammler hatten den Ruf gehört und die beiden noch rechtzeitig gefunden.
Es ist noch einmal gutgegangen. Cordula hat sich zügig zu helfen gewusst in der Not, und Fips wird sich wieder erholen können.

Er musste zwar für den Rest seiner Ferien ins entfernt gelegene Krankenhaus, aber im nächsten Jahr werden sie sich wohl wiedersehen.

Cordula ist froh, dass ihr in der Not eingefallen war, dass sie Gott um Hilfe bitten konnte ... wenn ihr auch nicht klar gewesen war, wie Hilfe durch einen für sie unsichtbaren Gott wohl vor sich gehen könnte. Ob er ihr einen lieben Engel geschickt hatte, der sie an die Worte der Bio-Lehrerin erinnert hat?

Wirbelsturm und Sausebraus

Olaf freut sich. Die Sommerferien haben begonnen. Mit den Eltern und Elke darf er an den Strand fahren und in der See spielen und baden.

Große Wellen sind manchmal ganz kräftig dabei, die Kinder umzuwerfen, wenn sie sich bei starkem Wind ins Wasser wagen.

Die Wellen werden im Allgemeinen ja nur so gewaltig, wenn ein großer Sturm sie ans Ufer treibt.

Olaf freut sich über den Sturm und die Wellen. Es macht richtig Spaß, gegen den Wind an zu rufen und zu merken, wie der Sturm die Worte einfach wegschluckt, als wäre er ein Staubsauger und die Töne für ihn Staub.

Olaf ist ein rechter Sausebraus. Gegen den Wind an kann er kaum vorwärts kommen. Also dreht er sich um und läuft mit dem Wind.

Immer schneller rennt er. „Hui ...“, pfeift der Wind dazu, und „hui ...“, ruft auch Olaf.

Aber dann merkt er, dass er schon sehr, sehr weit gelaufen ist und die Dünen gar nicht mehr zu sehen sind.

Was nun? Gegen den Wind zurücklaufen kann er ja nicht. Olaf ist ganz ermattet. Der Atem ist ihm vom

Rennen ausgegangen. Da ist ihm, als höre er leise Musik in seinem Inneren. Ganz zart, ganz sanft ... und von innen her wird ihm warm ums Herz. So hat doch früher die Mutter an seinem Bett gesungen ...?

Wird es nicht auch um ihn herum ruhiger? Er legt sich in den Sand und verschnauft. Ihm ist, als beuge sich eine wunderschöne, sanfte Gestalt über ihn und als wollte sie sagen:

„Olaf, es wird ja alles wieder gut. Sorge dich nicht. Ich halte bei dir Wacht und schütze dich, Junge."

Der Sturm hat sich gelegt. Von fern sind Rufe zu hören ... Ob sich die Eltern Gedanken um ihn gemacht haben? Ob sie ihn suchen?

Die Stimmen kommen näher ... deutlich ist die Stimme des Vaters herauszuhören.

„Vati, Vati, hier bin ich. Ich liege hier im Sand. Bitte, komm hierher und hol mich ab."

Mit einem langen Sprung ist der Vater da. „Junge, wie weit bist du denn fortgelaufen!"

„Der Wind ... der Wind", stammelt Olaf. „Er hat so herumgewirbelt, dass ich gar nicht mehr anhalten konnte. Und dann war es plötzlich ruhiger, und da habe ich in mir die Stimme der Mutter singen hören ... Und schau, wie schön der Engel ist, der bei mir gewacht hat ..."

Glücklich schließt der Vater seinen kleinen Sausebraus in die Arme ... ‘So war denn das Gebet der Mutter nicht umsonst gewesen’, denkt er.
„Nicht umsonst gewesen?", klingt es sanft in ihm nach ...

„Gebete sind nie umsonst. Gott hilft dann auf seine Weise, wie er es jeweils für richtig hält.“

Es muss die Stimme eines Engels gewesen sein. Vielleicht die Stimme des Engels, der bei Olaf gewacht hat?

Hopsel Übermut

Im Hause des alten Schneiders Mutz am Ende der Straße geht es heute ein wenig anders zu als sonst. Mutz ist ein fleißiger Geselle und den ganzen Tag emsig an der Arbeit.

Stets ist alles zur Hand, was er für sein Handwerk so braucht, denn er ist ein ordentlicher Schneider und weiß, dass es umso schneller vorangeht, wenn er nicht lange nach dem Nötigen zu suchen braucht.

Aber plötzlich ist alles anders. Die Nadel, die er eben noch in der Hand gehalten hatte, liegt plötzlich nicht mehr am gewohnten Platz im Steckkissen.

„Ich muss sie in Gedanken irgendwohin verlegt haben", meint Mutz.

Um sich langes Suchen zu ersparen, nimmt er sich eine neue Nadel. Schließlich hat er zugesagt, dass der Anzug, den der Stadtschreiber ihm zur Änderung gegeben hatte, bis zum Abend fertig sei.

Mutz ist wieder an seiner Arbeit. Da ist ihm, als erklinge leise, ganz leise eine Folge von Tönen. Nicht wie ein Kindersingen oder sonst irgendein Lied ... nein, ganz anders ...

Er geht der Sache nach. Ist es dort vom Schrank herübergekommen? Mutz schaut und schaut, aber es ist nichts zu erkennen.

Da erklingen dieselben Töne vom Herde her. Ja, hatte er sich denn so geirrt? Denn auch beim Herd ist nichts zu sehen.

„Seltsam“, denkt Mutz. „Höre ich am Ende gar das Gras wachsen oder die Mäuslein singen?“
Er geht wieder an die Arbeit.

Aber was ist denn das nun wieder? Die Schere ist weg. Was ist denn heute los mit ihm? Mutz nimmt sich vor, sich besser zu konzentrieren und sich nicht selbst abzulenken.

Sicher ist es nur eine Alterserscheinung. Wenn er sich nach getaner Arbeit etwas Ruhe gönnt und sich an der frischen Luft ergeht, wird sicherlich wieder alles klar und ordentlich um ihn herum sein.

Mutz, der ja ein gewissenhafter Mann ist, setzt es sogleich in die Tat um, noch am selben Abend. Die Sonne steht schon etwas tief am Firmament, aber das macht ihm nichts aus.
Er kennt hier jeden Steg und jeden Weg und findet sich auch im Dunkeln zurecht.

Recht erholt kommt er spät abends wieder heim in sein Häuschen, und siehe da: Nadel und Schere liegen wieder an ihrem Platz.

‘Ja ja, man wird alt’, denkt Mutz und freut sich, dass nun doch alles wieder in Ordnung ist. Beruhigt geht er schlafen, denn am Morgen gibt es ja wieder Neues zu tun.

Fröhlich wacht Mutz mit dem ersten Sonnenstrahl wieder auf. Aber oje, was ist denn das nun wieder?

Wo ist denn die Seife, die ihm Lenchen so lieb geschenkt hat, als er ihr die Schürze geflickt hatte und kein Geld dafür nehmen wollte? Womit sollte er sich denn nun waschen?

Am Frühstückstisch duftet das Müsli heute anders als sonst. Es ist so ein herzhafter, frischer Geruch dabei; ganz anders als sonst, wenn es so schön nach Getreide geduftet hat.

Mutz probiert vorsichtig und spürt: Da ist die Seife versehentlich mit hineingefallen. Deshalb hat er sie am Waschtisch nicht finden können.

„Ich muss konzentrierter werden", sagt sich Mutz. „So geht das nicht weiter."

Schon kommt der erste Kunde. Aber der ist nicht so unbeschwert wie sonst. Es ist der Kirchendiener, dem versehentlich ein Lausbub einen Dornenstrauch auf seinen Stuhl gelegt hatte, und der jetzt ein Loch im Hosenboden hat. Ist er so geknickt, weil seine Hose entzwei ist?

Mutz, der Schneider, weiß ihn zu trösten. „Seid nicht traurig, lieber Mann, das haben wir gleich. Das ist bald wieder heil."

Aber so bald ist es gar nicht, denn Mutz findet sein Garn nicht. Ja, was ist denn das nun schon wieder?

„Verzeiht, lieber Kirchendiener, verzeiht. Es ist nicht meine Art, so unordentlich zu sein. Ich werde das Garn gleich haben."

Er kramt in Läden und im Stoffregal. Sogar in seinen Schuh schaut er hinein. Aber von seinem Garn ist nichts zu finden. Mutz versteht das nicht.

Der Kirchendiener jedoch freut sich. Na, das sind ja schöne Aussichten. Das, was ihm einst auch nicht behagt hatte, das geht jetzt offenbar hier vor sich. Nur, dass er inzwischen ganz liebevolle Erfahrungen mit den Späßen eines Kobolds gemacht und seine helle Freude an dessen Treiben hatte, die Mutz noch nicht erkennen lässt.

Ob er hier seinen Hopsel womöglich wiederfindet, der ihm offenbar entlaufen ist?
Hopsel ist nämlich ein kleiner Kobold. Schauen kann ihn nur, wer an seinem Treiben nicht verzweifelt, sondern liebevoll zu ergründen versucht, wer sich hinter diesen Späßen verbirgt.

So konnte Glöckli, der Kirchendiener, den kleinen Wicht mit der Zeit kennen und lieben lernen. Ein Kobold ist ja stets zu Späßen aufgelegt. Aber er kann auch sehr lieb sein, wenn er sich erkannt fühlt und weiß, dass er geliebt ist.

Mutz ist noch immer ein wenig ratlos. Je ratloser er wird, umso munterer wird Glöckli. Ja, macht der sich am Ende gar lustig über Mutz?

Oh nein, das tut er nicht. Wie könnte er auch. Er ist nur glücklich, seinem Hopsel so nahe sein zu können. Leise pfeift er Hopsels Lieblingstöne vor sich hin. Und siehe da, Hopsel kommt heran und erkennt seinen geliebten Glöckli wieder.

Glöckli spricht zu ihm wie zu einem Kind und hat vor Freude ganz vergessen, dass Mutz ja auch noch da ist und dass er nicht zu Hause ist, sondern in Schneider Mutzens Wohnung. Er ist glücklich. Das ist ihm deutlich anzumerken.

Mutz kann das nun gar nicht mehr verstehen. Ja, ist denn hier alles auf den Kopf gestellt? Verstohlen kneift er sich in das rechte Ohrläppchen. Kein Zweifel, er ist wach. Es ist kein Traum.

Glöckli redet und redet. Er ist fröhlich und guter Dinge. Mutz hat nur noch eines im Sinn: sich leise davon zu machen ...
Nur hinaus aus diesem Hause, in dem so sonderbare Dinge passieren, dass sogar der Kirchendiener mit einem Nichts ein unterhaltsames Gespräch zu führen meint.

Er rennt und rennt und kommt ziemlich ermattet am Dorfplatz an. Vor der Kirche macht er Halt und ruft nach dem Pfarrer.

„Herr Pfarrer, Herr Pfarrer, bitte kommen sie. Es ist etwas passiert in meinem Hause, und ich glaube, ihr lieber Glöckli ist auch von Sinnen.“

Der Pfarrer ahnt schon, was Schneider Mutz meint, weiß er doch, dass der liebe Hausgast von Glöckli plötzlich verschwunden ist. Er ahnt schon, dass der seine Spielchen nun offenbar woanders treibt, nämlich im Hause von Mutz. Und er weiß auch, dass nicht jeder Mensch die Späße der Kobolde sogleich annehmen kann ...

„Guter Mann“, meint der Pfarrer gelassen, „guter Mann, so regt euch doch nicht so auf. Es ist ja alles erklärlich.
Versucht einmal, die Späße in Gelassenheit zu nehmen und betet für dieses, was euch da zu schaffen macht. Es ist ja alles halb so schlimm.“

„Halb so schlimm, Herr Pfarrer, halb so schlimm? Der liebe Glöckli ist von Sinnen, meine Nadel ist weg, meine Schere ist weg, mein Garn ist weg, meine Seife ist im Müsli. Ja, was ist denn daran halb so schlimm?“

„Mutz, gehe er getrost heim zu seiner Nadel“, meint der Pfarrer mit gutmütigem Gesicht.

„Habe er doch keine Furcht, es ist doch alles erklärlich. Versuche er den Herrgott zu rufen und ihn um die Liebe zu bitten, die Dinge erkennen zu können.“

Damit ist der Pfarrer wieder hinter seiner Tür verschwunden.

Mutz überlegt. ‘Ja, kennt denn der Pfarrer am Ende seinen eigenen Kirchendiener nicht recht?’

Ein wenig furchtsam geht Mutz langsam wieder heim. Unterwegs begegnet ihm der immer noch glückliche Glöckli. Er scheint etwas im Arm zu halten, das ihm sehr kostbar zu sein scheint. Fröhlich zeigt er es dem verdutzten Mutz.

„Schaut einmal, Schneider, ist er nicht süß?“

„Wer ist süß“, fragt etwas unwillig der liebe Mutz.

„Na Hopsel, ist er nicht süß? Er ist immer zu Späßen aufgelegt und kann viel Fröhlichkeit ins Haus bringen.

Zuerst aber möchte er erkannt werden von den Menschen und möchte prüfen, ob ihm sein neues Zuhause auch gefällt. Schaut, ich habe es ja zuerst auch nicht gewusst.“

Er kommt ganz nah an Mutz heran. „Aber dann hat mir der Pfarrer geraten zu beten und ... ja, im Gebet wurde es dann plötzlich ganz hell, und ein strahlender Engel stand vor mir.
Er zeigte auf Hopsel und erklärte mir, dass auch die Kobolde mit zu Gottes Schöpfung gehören, und dass ich Hopsel schauen könne, wenn meine Liebe groß genug dafür sei. Kinder hätten dafür noch einen klareren Blick, meinte der Engel.

Aber die Kobolde möchten auch andere ein wenig aufheitern, und so hat ein liebes Kind seinen kleinen Freund weiterziehen lassen, damit auch Erwachsene erheitert werden können.

Eine Zeit lang durfte Hopsel bei mir bleiben, aber plötzlich war er weg. Bei euch habe ich ihn wiedergefunden."

Glücklich zieht Glöckli davon, aufrecht und froh. Sein Loch in der Hose hat er ganz vergessen.

Vom standhaften kleinen Gänseblümchen

Unsere Geschichte handelt von einem Gänseblümchen, das auf einem Wiesenrain, nahe der großen Stadt gelegen, so allerlei Vorkommnissen ausgesetzt ist.

Noch liegt die Wiese still da. Es gibt keine Einfriedung und keinen Motorenlärm. Still blüht unser Blümchen zwischen anderen Artgenossen und ähnlichen Verwandten vor sich hin und freut sich an der Sonne, am fröhlichen Flug der Schmetterlinge und am benetzenden, erfrischenden Tau und Regen.

Ganz in seiner Nähe wohnt eine Glockenblume. Zart schaut sie aus, wie sie da auf ihrem Hälmchen hin und her wiegt. Sie hat einen besseren Überblick über das, was im Wiesenstaate so vor sich geht, weil ihr Stengel höher gewachsen ist als der des Gänseblümchens. So hält sie Ausschau auch für die niederwachsenden Pflänzchen mit.

Eines Tages neigt sich die Glockenblume besorgt dem Gänseblümchen zu. Der Boden erschüttert in Abständen von schweren Schritten. Eine Kuh ist in bedenkliche Nähe geraten, und die Glockenblume hatte schon gesehen, dass den Kühen die Gänseblümchen wohl munden. Aufgeregt wispert sie:

„Gänseblümchen, schau einmal, eine Kuh kommt daher. Sie könnte dich fressen.“

„Ja“, meint da leise das Gänseblümchen, „das ist dann wohl mein Geschick. Aber bedenke bitte, liebe Glockenblume: Nicht mich kann die Kuh fressen, sondern nur mein Blütenköpfchen und mein schönes weißes Strahlenkleidchen. Ich bleibe ja erhalten, denn die Kuh kann mich im Boden nicht erreichen.“

Wie recht doch das Gänseblümchen hat. Stengel und Blüte sind im Kuhschlund verschwunden. Das Pflänzchen aber ist erhalten geblieben und hat eine neue, schöne Blüte auf einem neuen, schön gerade gewachsenen Stengel hervorgebracht. Da steht es nun im neuen, schönen Schmuckgewand.

Wieder wispert es neben ihr: „Gänseblümchen, die Kinder kommen. Sie könnten uns abreißen.“

„Die Kinder? Ja, wozu sollten sie uns denn abreißen?“

„Um uns in die Vase zu stellen, wenn sie der Mutter eine Freude machen möchten.“

„Ja, wäre denn das so schlimm? Dann dürfen wir ihnen Zierde und Freude sein mit unserem Blütenkleid und selbst hier auf der Wiese bleiben.“

„Ach, Gänseblümchen, du kannst gut lachen bei dem Gedanken. Dein Blütenkleid wächst sehr schnell nach. Ich aber muss lange darauf warten.“

Schon hat eine warme, liebende Kinderhand den Stengel des Gänseblümchens ergriffen und zu anderen Blümchen zu einem Strauß vereint. Dem Gänseblümchen ist es wohl zumute. Es darf eine Zierde zur Freude der Menschen sein. Ihm ist wie dem Weihnachtsbaum zumute, der zur Freude der Menschen in den Festraum geholt wird ...

Wenige Tage nach dem Geschehen ist das Gänseblümchen nachgewachsen, und wieder mahnt die Glockenblume:

„Gänseblümchen, die Kinder! Schau doch mal. Die Kinder kommen."

Diesmal ist dem Gänseblümchen nicht so wohl zumute. Die Kinder verhalten sich ja ganz anders. Diese Kinder hier schlagen auf die Pflanzen ein, treten sie und reißen sie ab, um sie danach wegzuwerfen. Es macht ihnen nicht einmal Freude. Sie tun es einfach nur so, weil ihnen gerade danach ist. Schon hat eine Hand nach dem Blümchen gegriffen.

„Au" ... wispert es leise aus dem Wurzelwerk der Pflanze ... „au, das fühlt sich gar nicht gut an. Sind wir denn für die Willkür der Menschen geschaffen, ihnen einfach ausgesetzt?"

„Nein", haucht es dem Pflänzchen zu. „Nein, liebe Gänseblume. So ist es nicht gemeint vom Schöpfer der Natur."

Ein Elf hat sich des Pflänzchens angenommen und bemüht sich, es zu trösten ...

„Ich werde dir helfen durch die kleinen Wichtel. Sie werden dir bald dein neues Blütengewand emportreiben."

Eine Zeit lang bleibt es ruhig im Wiesenrain. Die Kühe sind verschwunden, und die Kinder tollen woanders herum.
Allerdings wird jetzt gelegentlich der Boden von Schlägen erschüttert. Die Wiese ist in anderen Besitz übergegangen und erhält einen Zaun.

Da passiert etwas, das weder die Glockenblume noch das Gänseblümchen bis dahin gesehen hatten. Ein Gebrumm wie von einem Hummelschwarm erschüttert die Landschaft. Gras und Blümchen wirbeln auf und fallen verletzt zu Boden.

„Gänseblümchen, Gänseblümchen", raunt jetzt verängstigt die Glockenblume. „Gänseblümchen, nun müssen wir alle sterben."

„Nein", kommt es leise, aber bestimmt zurück, „nein, Glockenblume. Sterben müssen wir nicht. Nur unser Blütenkleid werden wir für eine Weile verlieren. Aber sobald es an der Zeit ist, wird aus unserer Wurzel ein neues schönes Pflänzchen erstehen.

Für dich wird es eine Weile dauern, und du wirst inzwischen vielleicht einiges vergessen, bis du erneut das Tageslicht dieser Erde erblickst. Ich aber werde schon bald wieder da sein."

Weiter sind sie nicht mehr gekommen. Mit kurzem Schnitt wurden sie niedergemäht und gemeinsam mit den anderen Verletzten zusammengeharkt.

Wie es wohl im nächsten Frühjahr dort ausschauen mag? Ob es wohl ein erneutes Erblühen geben wird? Würden sich dann die Menschen, die die große

Blütenpracht des Sommers gemäht haben, wohl an den ersten Blütenpflänzchen so recht erfreuen können?
Würden sich ihre Herzen ein wenig weiten beim Anblick der Zeugen Gottes wunderbaren Wirkens in der Natur?

Elflein

Ihr lieben Elflein,
lieb und klein,

ihr hütet unsere
Pflänzchen fein;

seid liebevoll
um sie bemüht,

damit alles rundum
wächst und blüht.

Samenlieschens große Tat

Samenlieschen wohnt, wie viele ihrer Artgenossen, in einem Knick am Rande eines Rhabarberfeldes. Ihr Einsatz gilt dem Flugsamen, der von einer entfernt wohnenden Erle herangeflogen war. Bruder Wind hatte ihn herübergeweht, als die Frucht der Erle reif genug war, dass aus ihm ein junges Bäumchen werden könnte.

So einfach war es aber gar nicht, Fuß zu fassen auf dem neuen Erdenflecken, auf dem der Same aufgehen sollte. Das nahe Feld war nämlich so bestellt worden, dass möglichst eine große Ernte schöner, ebenmäßiger Rhabarberstangen erzielt werden könnte.

Was macht ein Rhabarberbauer, wenn er das erreichen möchte? Er düngt den Boden.

Was macht er noch? Er achtet darauf, dass keine Schädlinge seine Pflanzen stören oder Kraft aus dem Boden ziehen.

Was hat dieser Bauer wohl getan? Ja. Er hat sein Feld mit einem Mittel gespritzt, das zu denen gehört, die nicht gerade pflanzenfreundlich sind.

Ein feiner Sprühnebel benetzte das Feld und ebenso den Knick am Feldrain, in dem die Vögel ihre Nester gebaut hatten. Auf den so benetzten Boden ist nun das Erlensämlein gefallen.

Was sollte Samenlieschen tun? Es ist ja Aufgabe der Elementarwesen, den Pflanzen zu helfen, damit sie wachsen und gedeihen.

Samenlieschen bat den Wind: „Wind, Wind, bitte, wehe das Sämlein weiter ... weiter bis dahin, wo es reinen Boden findet.“

Hatte der Wind es nicht gehört? Alles blieb still. Das Erlensämlein rührte sich nicht vom Fleck.

„Sonne, bitte, liebe Sonne, trockne den Boden und glühe die Erde rein, damit das Sämlein ein Bett darin finden kann.“

Die Sonne ließ sich erweichen. Aber was nun? Der Erdboden wurde so trocken, dass er zu Staub zerfiel. Das Sämlein fühlte sich darin zwar geborgen, aber es konnte nicht quellen, um Wurzeln zu bilden für ein standfestes Bäumchen.

„Regen, Regen, bitte, netze den Boden, damit das Sämlein quellen kann“, bat das liebevolle Samenlieschen.

Der Regen kam, aber das Blattwerk der Sträucher war herabgerankt und fing die meisten Tröpfchen auf. Zum Quellen reichte der ersehnte Regen nicht.

Samenlieschen gab nicht auf. Geduldig wartete es auf eine neue Chance, dem Erlensämlein zu helfen.

Es war an einem strahlenden Sonnentag, als die Menschen auf das Feld kamen, um die Rhabarber-

stangen zu ernten. Auch Kinder waren mitgekommen, die fröhlich im Knick herumspielten und sich einen Weg durch das Gesträuch bahnten.
Ein Kind hatte Proviant dabei, den es mit seinen Spielgefährten teilen wollte. Aus einer kleinen Flasche spritzte beim Springen Wasser ... schönes, klares Wasser.

'Könnte es doch auch zu dem Samen gelangen', dachte Samenlieschen, 'könnte ich doch die Kinder dazu bewegen, das Wasser mit dem Sämlein zu teilen.'

Eine große Liebe für den Erlensamen erfüllte Samenlieschen.

Ein Elf im angrenzenden Blütenstrauch wusste Rat: „Samenlieschen", riet er, „Samenlieschen, falte doch deine Hände und bitte Gott, er möge seine Engel aussenden, damit sie den Kindern die Freude dafür ins Herz legen."

Samenlieschen tat, wie ihm geraten. Ein leichtes Säuseln im Blattwerk der Sträucher schien ihm verheißungsvoll.
Auch war es, als scheine die Sonne intensiver als zuvor. Oder war es der Liebeschein der Engel?

Die Kinder wurden ein wenig stiller und rasteten schließlich ganz nah beim Erlensämlein.

„Lieber Engel, bitte, hilf doch dem Samen, dass er aufgehen und wachsen kann."

„Samenlieschen, was flehst du denn", meinte gelassen der Blumenelf. „Was meinst du denn, weshalb es hier so schön hell geworden ist?"

Die Kinder öffneten die Flasche ganz, um daraus zu trinken ... überlegten es sich dann aber anders. Eigentlich waren sie doch gar nicht so durstig. Aber die Erde gleich neben ihnen sah sehr durstig aus. Vielleicht wuchs dort deshalb gar nichts?

„Schau mal", sagte eines der Kinder. „Wollen wir mal Gärtner spielen, oder Regenmacher und die Pflanzen gießen?"

„Hmm ... die Pflanzen sehen eigentlich gar nicht so trocken aus. Sicher haben sie so wenig Durst wie wir", überlegte nüchtern ein anderes Kind.

Samenlieschen stockte der Atem. Wollten die Kinder womöglich nun doch das kostbare Wasser wieder mit nach Hause nehmen?

„Elf, lieber Elf, schau doch, was sie vorhaben."

„Warum sorgst du dich, Samenlieschen? Sie sind ja noch da."

Schon sprang das zweite Kind auf und freute sich: „Ich hab's, ich hab's herausgefunden, was wir damit tun könnten ...
Wir gießen die Erde damit ... da, wo sie so trocken aussieht. Vielleicht lässt der liebe Gott bald etwas darauf wachsen."

So geschah es. Ein gesundes Erlenbäumchen wächst jetzt im Knick heran.

Samenlieschen, das von den Menschen unerkannt blieb, hatte ganze Arbeit geleistet und seine ganze Liebe eingesetzt.

Wurzelmännleins Großeinsatz

Weit hinter den Bergen in einem wunderschönen Grasland mit Wiesen, Bäumen und Sträuchern trägt sich unsere Geschichte zu.
Es ist eine Geschichte, die für die aufmerksamen Lauscher gedacht ist; die sich hineinspüren können in das Leben und Treiben der Wichtel, der Elementale, wie die Erwachsenen sagen würden.

Nun gut, lauschen wir einmal, was sich da wohl so tut im Reich der Elementale, die mit dem Erdreich befasst sind.

Pardautz ist ein liebender Wichtel. Ihm war vom göttlichen Allvater der Liebe eine große Aufgabe angetragen worden.
Pardautz darf dafür sorgen, dass in seinem Reiche, auf seinem so schönen Wiesengelände, die Bäume und Sträucher alles das bekommen, was zu ihrem Wachstum nötig und wichtig ist.

Pardautz, das fleißige kleine Männlein, achtet sehr sorgsam darauf, dass es die Zeit nicht versäumt, in der es zu wirken gilt. Engel stehen ihm dafür beratend zur Seite.

Es ist Winter auf der Erde, und es ist die Zeit, von der die Menschen meinen, die Natur schlafe jetzt. Oh nein, so ist es gar nicht wirklich. Unter dem weißen Schneelaken der Erde tut sich allerlei.

Ein emsiges Treiben setzt da an. Pardautz sorgt ja mit seinem Völkchen dafür, dass zum Frühjahr, wenn die Pflanzen ihre Säfte auftreiben, alles gut und sorgsam bereitet ist. Wurzeln im Wurzelwerk der Pflanzen müssen geputzt, gereinigt und liebevoll gepflegt werden.

Pardautz gibt sich da große Mühe. Deshalb hat ihm der himmlische Vater diese Aufgabe ja auch übertragen, und die Engel halten immer wieder einmal Ausschau, wie weit es wohl schon gelungen ist, was da getan werden sollte.

Er weckt seine kleinen Wurzelmännlein aus ihrem Schlaf. „Wacht auf, ihr Lieben, es gibt zu tun. Unsere Zeit ist jetzt gekommen. Die Menschen möchten sich erfreuen an der schönen Pracht in der Natur und Sauerstoff einatmen können auf ihren Wanderungen."

Pardautz hat das gut erkannt. Dafür hat doch der liebe Gott auch die Natur mit geschaffen, dass alles einander dienen möge und aneinander wachsen und reifen kann.

Ein wenig verschlafen reiben sich die Wichtlein die Augen. Oh ja, es war ein langer Schlaf, und es gab viele Träume in dieser Zeit.
Nur gut, dass es nicht alles wirklich gewesen ist, was sie geträumt hatten in der Zeit. Oder etwa doch?

Pardautzinchen kommt ein wenig scheu zu Pardautz und meint: „Pardautz, du bist doch so umsichtig und so klug. Sag mir, kann denn das angehen, was ich da geträumt habe?"

„Na, was hast du denn geträumt, Pardautzinchen? War es denn so schlimm?"

„Ich weiß nicht so recht, aber mir träumte, dass da so seltsame Gerüche in meinen Schlaf hineinkamen, und es war auch ein wenig laut.
Und dann sah ich, wie ein so komisches Eisen kurz über mir den Boden aufwühlte, so dass er ein wenig erschütterte. Und danach war alles so merkwürdig."

„Ja, Pardautzinchen, da hast du ein gutes Gespür gehabt für das, was wirklich geschehen ist. Es gibt viel zu tun.

Schau, es sind Abfälle der Menschen hier vergraben worden, und diese Abfälle können so gut wie gar nicht verwertet werden durch uns. Wir können sie den Pflanzen gar nicht zu ihrem Wohle reichen, und sie belasten jetzt ihre Freiheit."

Pardautzinchen ist nachdenklich. Warum tun wohl die Menschen so etwas? „Ich habe noch mehr geträumt. Möchtest du es hören?"

„Ja, erzähle es mir, wenn es dich erleichtert, Pardautzinchen. So ist es recht. Wir dürfen ja alles miteinander teilen, auch die Sorgen und die Ängste. Nur so können wir uns hernach auch an dem freuen, was schön ist. Was ist es denn, das dir noch Sorgen macht?"

„Die Pilze sind so angeschwollen und haben ein ganz anderes Aroma. Sie sind krank gewesen in meinem Traum und sie machen den Eindruck, als könnten sie unser Wurzelhaus schädigen. Kann denn das angehen?“

„Ja, liebes Kind, das kann es leider. Schau, es ist so, dass viele Abfallprodukte, die unverträglliche Gase bilden, bei den Menschen entstehen, die sie wohl bemerken. Aber sie wissen nicht so recht, wie sie es abstellen könnten. So kommen dann Schadstoffe mit dem für unser Wohlergehen und unsere Aufgabe so segensreichen Regen mit auf den Boden, und die fleißigen Brüder und Schwestern aus der Familie Pilz nehmen sie sorgsam auf, um uns zu schützen. Sie saugen sie auf wie ein Schwamm, und darum schauen sie so aus. Sie sind eine Gesundheitspolizei in unserem Wiesenstaate.“

„Können wir denn gar nichts tun für diese Schwestern und Brüder Pilz?“

„Doch, liebes Kind, das können wir. Wir können zum Vater beten, dass er bitte helfen möge.“

„Au fein, darf ich gleich damit beginnen?“
Schon faltet Pardautzinchen die Händchen so, wie sie es sich von Pardautz abgeschaut hatte, als es ihn beten sah und bittet inniglich, es möge doch bitte Hilfe geben für die Familie Pilz und auch dafür, dass die seltsamen Stoffe eine Veränderung erfahren mögen, die da auf dem Wurzelwerk lasten.

Emsig lauscht Pardautzinchen auf eine Antwort. Aber es kann sie nicht sogleich verstehen. Es weiß ja auch noch nicht, wie mühsam es ist, so viele Menschenherzen dafür zu erwecken, wie der Vater allen Seins es gern möchte, damit die Menschen mit der Natur liebevoll umgehen lernen. Ja ... und das Erwecken dauert so seine Zeit ...

Pardautzinchen ist ein wenig traurig. Sollte es denn da überhaupt noch seine Händchen zum Gebet falten?

„Pardautzinchen", sagt da plötzlich eine sanfte Stimme, „Pardautzinchen, weshalb bist du denn so enttäuscht?

Schau, es braucht doch alles seine Zeit. Und wenn du nicht mehr beten magst, dann bittest du ja auch nicht mehr um das Erwachen für das, was der Vater geschaffen hat. Das solltest du aber in liebendem Vertrauen tun.

Es hat auch eine geraume Zeit gedauert, bis dieses schöne Wurzelwerk recht gewachsen war. So ist es auch mit den Herzen der Menschen.

Der Vater hat den Liebesamen ja längst hineingelegt in ihre Herzen. Nun bedarf es des liebevollen Wachsens und Reifens in ihren Herzen.

Und dann müssen sie lernen, das zu erkennen, was der Vater ihnen inspiriert, damit sie besser mit den Dingen umgehen können.

Sei nicht ungeduldig und liebe diese Menschen. Sie brauchen die Liebe ja geradeso wie du auch und alles was ist. Vertraue getrost auf den, der dir die Hände gab, die du zum Gebet gefaltet hast, und verzage nicht.
Viele deiner Geschwister haben schon große Opfer gebracht. Ihr schönes Wurzelwerk ist nicht mehr. Daran können die Menschen dann erkennen, was nötig ist.

Aber sei getrost, auch das war ganz in der Liebe: dass sie bereit waren zu diesem Opfer. Die Menschen hatten es ja so schwer, wahrhaft zu erwachen.

Menschsein ist nämlich auch gar nicht so leicht, wie du meinst, wenn du erkennst, wieviel Verantwortung für den Umgang mit der Natur ihnen gegeben ist."

„Ja", sagt das Wurzelkindlein versonnen. „Ja, so wird es wohl sein. Sollten wir im Wiesenreich denn auch dieses Opfer bringen?"

„Nein, Pardautzinchen, das ist nicht vorgesehen. Es bedarf ja des Gebets durch die liebenden, betenden Wichtel, die damit zur Wandlung des Wiesen- und Waldgeschicks beitragen können.

Wenn ein Wurzelwerk geopfert wird, bedeutet dies nicht, dass gleichermaßen die Wichtel mit geopfert werden müssten.
Es gibt viel zu tun für euch. Auch das Tun gehört dazu. Schau, es hat sich schon ein bisschen von den

Stoffen auf das Wurzelwerk gelegt. Es gilt nun, es in emsiger, liebevoller Bereitschaft wieder zu putzen und zu pflegen.

Darum geh, wenn du es erkennen kannst, jetzt fröhlich und mutig an dein Werk. Die Liebe und dein offenes Herz dafür werden dir dabei gute Hilfe sein."

Pardautzinchen reibt sich noch einmal die Augen. Ja, hatte es denn noch einmal geträumt?
Ob das kleine Wichtlein wohl herausfindet, weshalb ihm der liebe Engel erschienen ist?

Elfen und Feen ...

MW 2002

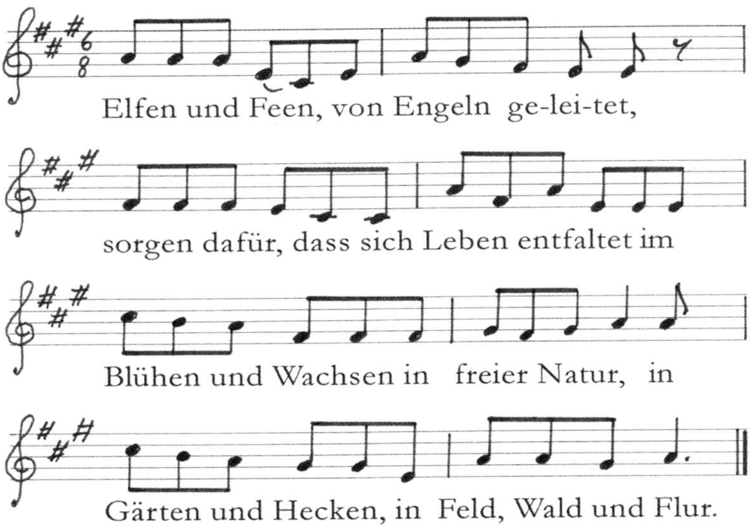

Scheu sind die Wesen. Sie zeigen sich selten ...
leben sie doch in ganz anderen Welten ...
Obwohl sie uns nah sind, verbergen sie sich
noch gern vor dem menschlichen Angesicht.

Wenn wir sie als Menschen zu schauen trachten,
gelingt dies am eh'sten, wenn wir eines beachten:
Ganz still sollten wir sein in andächtigem Schweigen,
uns innerlich vor unserem Schöpfer verneigen ...

Andächtige Schwingung hilft ihnen vertrauen.
So kann es gelingen, sie einst zu schauen.
Sie selbst halten Andacht im Morgengrauen ...
in Feldern und Wäldern, in Wiesen und Auen.

'Sir Archibald' hat seine Freude daran
als Mittler in Liebe ... Er leitet sie an ...
Bei andächtigem Lauschen auf die Natur
öffnet sich uns die Schöpfung in Feld, Wald und Flur.

Sir Archibalds Völkchen

Sir Archibald lebt in einfachen Verhältnissen im Wiesenrain. Er ist glücklich und zufrieden, denn er hat genügend zu tun in seinem Wiesenstaate.
Es obliegt ihm, über die Feen und Elfen zu wachen, dass sie ihre Arbeit in der rechten Weise und in der wahren Liebe verrichten.

Sie haben nämlich eine sehr schöne Aufgabe, diese lichten kleinen Wesen; sie helfen den heranwachsenden Pflanzen, sich zu entfalten und zu gedeihen. Auch die Sylphen aus dem Reich der Lüfte helfen mit.

Sir Archibald macht seine Runde in unermüdlicher Liebe. Es gilt ja, den Wiesenstaat gesund zu erhalten als Lebensraum für eine ganz kleine, umfassende Welt.

Da gibt es die Blümchen, die ihre zarten Stiele zum Himmel recken, damit ihre Blütenkelche den Himmelsnektar, das Sonnenlicht so recht aufzunehmen vermögen. Sie wollen ja schön sein, ihrem Schöpfer zur Freude gereichen.

Auch schenken sie gern ihren kleinen Mitgeschwistern, den Insekten, Nahrung, damit auch sie ihre Aufgaben im großen Schöpfungsgefüge erfüllen können.

Die kleinen Elementarwesen sind den Pflanzen in ihrem Wachstum unermüdlich und freudig an der

Seite. Fröhlich wippen sie nach getaner Arbeit in den Rispen der Gräser oder wiegen sich in den Blütenkrönlein der Blühpflanzen.

Sir Archibald hat seine Freude an dem fröhlichen Treiben und schaut ihnen gern zu.

Des Nachts, wenn es feucht wird auf den Wiesen, erwachen die Feen und Elfen zu einem Erleben in harmonischer Geselligkeit.

Emsig sammeln sie die Tautröpfchen und schmücken damit die Bewohner der Landschaft, damit sie auf ihren Hälmchen, Stielchen und Blättchen im Mondlicht funkeln.

Es ist ja keineswegs so, dass alles Leben erstarrt ist, wenn die Erde ruht. Jetzt haben die kleinen Naturgeister ihre große Stunde, und ihre erhabenen Geschwister, die Nornen, sind ihnen zur Seite.

Sie feiern ein Fest mit anmutigem Tanz, und wer ihnen lauscht, kann ihr feines Raunen, ihr helles Klingen und Wispern vernehmen.

Sir Archibald schmunzelt. Ja, sie sind fröhlich, diese heiteren Gesellen, fröhlich, weil sie ihre Arbeit in schöner Harmonie getan haben und weil es im Kosmos friedlich zugeht zu dieser Stunde.

Es ist die Zeit der Andachten, des Gloria-Singens der himmlischen Chöre, und sie stimmen gern mit ein; ist es doch ihr Wunsch, einst selbst dazu zu gehören zu diesen himmlischen Chören, ihrem Schöpfer auch einmal auf diese Weise dienen zu dürfen.

Sir Archibalds bedächtige Ruhe lässt sie schließlich in eine andächtige Stimmung hineingleiten.

Es ist die Stunde des Dankens, des Lobpreisens, des tiefempfundenen Verbundenseins mit allem, was ist; die Stunde, in der sich die Schöpfung eins fühlt mit dem Schöpfer.

Es ist eine erhabene Stunde, eine Stunde der Gnade, in der die Erhabenen ihren köstlichen Odtrank darreichen.

Erfüllt von dieser Gotteskraft schlüpfen die Naturgeister still an ihre Plätze zurück, stets bereit zu neuem, emsigem Wirken.

Möge euch der Segen des Herrn eure dienende Liebe erhalten, ihr munteres Völkchen, wenn es gilt, der Natur gesunden zu helfen.

Sie hat ja gelegentlich sehr zu leiden unter der Beeinträchtigung durch menschliche Machenschaften, durch scheinbar geniale Errungenschaften, die die Menschen so leicht erblinden lassen für das wahre Leben im Einklang mit dem Schöpfer ... für ein Leben, wie ihr es noch zu leben versteht, ihr liebes Völkchen der Naturgeister.

Sonnenhütchens Kindersegen

Am Waldrain, gerade dort am Felde, wo die Mäuslein ihr Zuhause haben, lebt die Familie Sonnenhut. Gar schön sind sie anzuschauen in ihren lichten, strahlenden Kleidchen.

Familie Sonnenhut geht es gut. Es ist viel los hier am Waldrain, und es gibt häufig Besuche von den lieben Nachbarn, den Käfern und anderen Insekten. Familie Sonnenhut ist voller Liebe und gedeiht in schönster Harmonie mit der Schöpfung.

Reicher Kindersegen ist ihr beschert. Es sieht fröhlich aus, wenn die Sonnenhutkindlein im Wind mit ihren Köpfchen nicken.
Die Köpfchen schauen aus wie kleine Hütchen, wie Schirmchen, die munter auf den Hälmchen wippen. Darum heißen sie im Wald- und Wiesenstaat bei ihren Schwestern und Brüdern ja auch Sonnenhütchen.

Jahraus, jahrein ist der Segen gewiss, und so kennt diese Familie in der Liebe und Harmonie eigentlich keine Sorgen.

Da ereignet es sich eines Tages, dass der Waldboden erdröhnt und dass sich die Käferchen erschreckt in ihr Haus zurückziehen. Was mag denn das nur sein? Familie Sonnenhut kennt sich da so gar nicht aus und weiß nicht so recht, wie sie damit umgehen sollte.

Immer näher kommt das Dröhnen und plötzlich ... ja, plötzlich geschieht das für die Sonnenhütchen Ungeheuerliche, dass eine große Wand auf Sonnenhütchens Kinderschar zukommt. Man nimmt sie einfach aus ihrer Verwurzelung heraus und trägt sie hoch durch die Lüfte.

So etwas haben die Sonnenhütchen noch nie gesehen, und da oben sieht alles so ganz anders aus. Es hört sich alles auch so ganz anders an als im sanften Grasboden am Waldrain.

Unsanft werden die Sonnenkindlein auf einem Berg zusammengeworfen, auf dem schon allerlei Gesträuch und auch Getier herumliegt.

Was ist das nur? Die Wand mit der so großen Macht hat die Kindlein von den Eltern getrennt. Was soll denn daraus noch werden?

Viel Zeit ist inzwischen verstrichen. Es ist Winter geworden und eine dichte Schneedecke hat alles in einen tiefen Schlaf versetzt.

Dann kommt der Frühling und wieder kommt so eine Wand. Diesmal ist es aber eine kleinere Wand, und fröhliche Kinder bewegen sie hin und her.

Diese Wand ist das untere Ende einer Schaufel, und die Kinder haben ihre Freude daran, sich Erde zu holen auf ihren Schubkarren, um sich ein Gärtlein anzulegen. So gibt es - diesmal nicht bedrohlich - eine Art Spazierfahrt für die Sonnenhütchen ...

Es wird Sommer. Zusammen mit anderen Pflänzchen zeigen sich die Sonnenhütchen im Garten. Die Kinder, denen das Gärtlein gehört, kommen mit großen, langaufgereckten Menschen heran, um es ihnen voller Freude zu zeigen.

Aber, oh weh, da hat doch wohl ein großer Mensch mit Hosen an den Beinen gelacht und sich lustig gemacht über das, was da so schön den neuen Garten ziert.

„Das da", sagte der Mann, „das da, Kinder, ist ein Unkraut. Das müsst ihr herausreißen und schöne, Gartenblumen darauf säen."

Unkraut? Ja, was ist denn Unkraut? Ein Kraut, das es gar nicht gibt? Und ... oje ... dann berühren zarte Kinderhände die Sonnenhütchen, um sie herauszureißen. Da ist es, als erklinge eine feine Stimme ... so sanft, als sei es nur ein leichter Hauch:

„Aber Rosettchen, möchtest du wirklich diese lieben Blümlein aus deinem Gärtlein verschwinden lassen? Schau, auch diese kleinen Gesellen sind vom Vater der Liebe geschaffen und geliebt, geradeso wie du auch. Möchtest du ihnen nicht ein Plätzchen in deinem schönen Gärtlein schenken, auf dem sie so recht zur Freude aller wachsen und gedeihen können?"

Rosettchen überlegt einen Augenblick. „Ja, warum denn eigentlich nicht?"

Schon ist Rosettchen davongesprungen, um kleine, viele kleine Steinchen zusammenzutragen. Damit will sie eine schöne Abgrenzung gestalten ...

Ein Herzmuster hat sich daraus geformt. In die Mitte hinein möchte sie alle die Pflänzchen setzen, die der Vater als Unkraut aus dem Gärtlein entfernen wollte.

Es ist ein schönes Plätzchen, das sie erwählt hat, und es dauert gar nicht lange, bis den Sonnenhütchen eine schöne Fee erscheint.

„Na, ihr tapferen Freunde der Sonne? Gefällt es euch hier in eurem neuen Zuhause? Schaut, auch die Menschen möchten ja gern in der Natur wohnen. Dazu bauen sie sich dort, wo es ihnen gefällt, ein Haus. Sie hatten sich gerade den Ort dafür erwählt, der bis dahin euer Zuhause gewesen war. Deshalb hatte euch der große Bagger fortgetragen.

Aber jetzt ist es hier schön ruhig geworden, und der Bagger wird nicht wiederkommen. Ich darf euch ein Geschenk bringen vom himmlischen Vater: Ihr seid erwachsen geworden und habt euer Schicksal geduldig und gut durchgestanden. Jetzt dürft ihr Kinderlein hervorbringen, die hier ungestört heranwachsen können."

Einige Wochen später kommt der lange Mensch in Hosen noch einmal durch den Teil des Gartens, der Rosettchen geschenkt worden ist.
Zu seinem großen Erstaunen findet er üppiges Blühen und Wogen strahlend schöner Sonnenhütchen vor ...

Es dauert eine Weile, bis er dafür Worte finden kann. Aber dann sprudelt es begeistert aus ihm heraus:

„Rosettchen", sagt er, „Rosettchen, schau mal, wie reich dich der liebe Gott beschenkt hat. So viele so strahlende Blümlein und Gräslein ... er muss dich ganz besonders lieb haben, dass er das getan hat ... Unsere sorgsam angepflanzten, großen Gartenblumen wollen auf diesem Boden gar nicht so recht gedeihen und kümmern vor sich hin. Deine Pflänzchen aber blühen und wachsen.“

„Ja“, ertönt da ganz leise eine Stimme in seinem Inneren, „hast du denn auch so viel Liebe hineingelegt wie Rosettchen in ihr Steingärtlein?

Auf diesem Boden gedeihen die Blümlein am besten, die hier ihre Heimat haben. Sie sind gewöhnt an ein schönes Plätzchen, auf dem sie mit Freuden heranwachsen können.“

Dem Vater ist es, als sei da eben etwas gewesen. Nur ... so ganz verstehen konnte er es noch nicht. Aber Rosettchen mit ihrem Liebegärtlein und ihrem fröhlichen Herzen wird ihm sicherlich helfen.

Vielleicht, ganz vielleicht, hat sich der Vater inzwischen auch ein paar Pflänzchen in seinen Garten gesetzt, und vielleicht gefällt es dem liebenden Vater im Himmel, auch diesen einen reichen Kindersegen zu bescheren.

Zu Gast bei Gott

Zur Ruhe gehst du, Kindelein.
Es warten schon die Engelein,
um dich zu wiegen in den Schlaf.
Wir wünschen dir eine gute Nacht.

Du, Kindlein, hast den Tag geliebt
mit allem, was es da so gibt.
So schlafe wohl zur Sternenzeit.
Die Engel geben dir Geleit.

Der Mond knipst sein Laternchen an.
So steht es ihm zu tun ja an.
Schlaf ein, mein Kind, zur guten Nacht.
Dein Engel hält bei dir die Wacht.

Der liebe Gott schaut schmunzelnd zu,
wenn seine Kindlein geh'n zur Ruh.
Er lädt dich ein, sein Gast zu sein.
Ganz nah darfst du bei den Engeln sein.

Anhang

Weitere Bücher von Margarete Walther

Inhaltliche Kurzbeschreibungen,
Coverabbildungen
u.a.

Bezugsadresse:
Fax: 040/678 22 85, eMail: MaWa-HH@T-Online.de

Dieses umfangreiche Werk gründet auf Tagebuchaufzeichnungen der Jahre intensiven bewussten Suchens und Findens ... mit Beiträgen und Erkenntnissen aus heutiger Sicht ...
Ein Sterbeerlebnis mit Reanimation führte zu spirituellen Begegnungen mit den Realitäten reinen göttlichen Seins, die ... nach Bereitung dafür ... in der Gebetsstille erneut und noch immer möglich sind ...
Mögen die auf Bitten der Engel hier offen dargelegten Erfahrungen den Menschen, die geistige Realitäten in die des irdischen Seins einbeziehen möchten, Ermutigung sein auf ihrem Weg.

„Ja. Der Schlüssel zur Glückseligkeit" Ein Bereitungsweg ...

Initiation in die Welten reinen göttlichen Seins setzt voraus, das Leben im Hier und Jetzt wachbewusst anzunehmen, wozu auch das Ringen mit den Widersächlichkeiten des Lebens und deren Überwindung gehört.
Manchem leuchtet gelegentlich bereits auf dem Weg dahin am Horizont das Licht reiner Klarheit, blinzelt verheißungsvoll die Glückseligkeit auch durch schattenreiche Zeiten hindurch ... bis schließlich das Gnadengeschenk Gottes, die Glückseligkeit, ins eigene Innere einzuziehen vermag ...

Band I zeigt in 87 Kapiteln zu diversen Lebensthemen Erfahrungen und daraus resultierende Erkenntnisse auf. Aus dem Geistigen durch Gottesboten empfangene Erkenntnishilfen, unter anderem zu Trauminhalten, finden sich auch in weiteren 67 Kapiteln in Band II.

Band I 1993
250 Seiten, div. Abbildg.
ISBN 3-935512-00-7 EUR 15,30

Band II 1993
216 Seiten, div. Abbildg.
ISBN 3-935512-01-5 EUR 15,30

„Märchen und andere wahre Geschichten“

Wie Märchen anmutende, durch Gottesboten inspirierte tiefgründige Geschichten möchten in 12 Kapiteln zu unterschiedlichen Themen die Seinsinhalte verdeutlichen, die sich durch verschiedene Schwingungsebenen hindurchziehen. Realitäten feinstofflicher Ebenen sind erkenn- und damit unterscheidbar von denen des irdischen Seins.

1994
45 Seiten, 4 Abbildg.
ISBN 3-935512-03-1 EUR 7,60

„Der Du Suchender bist“

In 70 inspirierten Versen zu sowohl fröhlich beschwingten, naturbezogenen als auch spirituellen, religiösen Hintergründen finden sich tiefgründige Aussagen, die von vielen als Lebenshilfe empfunden und verinnerlicht wurden.
Die Verse sind folgenden Rubriken zugeordnet: Im Jahreslauf ... Suchen und Finden ... Trost und Ermutigung ... Ordnendes Leben ... Heitere Wahrheit ... Lob und Dank ...

1994
69 Seiten, 12 farb. Abbildg.
ISBN 3-935512-02-3 EUR 12,70

„Vom Samenmännlein und Wurzelmännlein"
Geschichten und Verse für Kinder

Lebendig erzählte, inspirierte Geschichten und Verse - mit vielen Zeichnungen von Susanne Wind - sowie ein Gebet für Kinder möchten Kindern und im Herzen jung gebliebenen Erwachsenen Anregung und Erbauung sein.

Die Geschichten vom Samenmännlein und Wurzelmännlein möchten zum Lauschen auf die wunderbare Schöpfung, auf das ständig wechselnde Werden und Vergehen in der Natur mit den Schönheiten und Besonderheiten des Lebens anregen.

1995
70 Seiten, 33 Abbildg., 24 x 18 cm
ISBN 3-935512-04-X EUR 10,50

„Besinnliches und Heiteres zum Lebensaspekt Ordnung“

Fabeln und Geschichten sowie Betrachtungen zu Themen, die Wesensmerkmale und Prinzipien der Ordnung beispielhaft veranschaulichen.
Die „Kleine Plauderei über die Prinzipien der Ordnung“ (der irdischen und der göttlichen) und die besinnliche Betrachtung „Von der Effektivität der Handlungen“ sowie weitere Beiträge möchten zum Meditieren anregen.

1996
56 Seiten, 6 Abbildg.
ISBN 3-935512-05-8 EUR 7,60

„Besinnliches zum Lebensweg an Gottes Hand“

67 einzeln stehende Sinnsprüche zu den Themen Zuversicht ... Ja ... Hilfe ... Wandlung ... Liebe ... Mut zur Demut ... Weisheit und innerer Reichtum ... Bewusstheit und Reife ... In Gottes Kindschaft ... Gnade ... Segen ... Sein ... Dank.
Die ganzseitigen farbigen Aquarelle wie auch die Sinnsprüche laden zur Besinnung ein.

1997
81 Seiten, 8 farbige Aquarelle
ISBN 3-935512-07-4 EUR 16,70

„Besinnliches und Heiteres zum Aspekt der Meditation“

Besinnliche Betrachtungen zu den Themen Wissen, Weisheit, Heiliger Geist ... Glaube und Aberglaube ... Mensch und Gottheit ... Das Ich im Wir u.a.laden zu meditativer Besinnung ein.

Die Inhalte der Niederschriften von 17 Meditationen unterschiedlicher Thematik laden zum kurzweiligen Sicheinlassen auf die Stille ein. Der sich an die Stille anschließende verbale Austausch zu den Themen ist in wörtlicher Rede (unter Wahrung der Diskretion) wiedergegeben. In meditativer Stille kann, wenn erwünscht, die eigene Wahrnehmung der Engel gefördert werden.

1998
150 Seiten, 22 Abbildg.
ISBN 3-935512-08-2 EUR 16,70

„Darum lasst uns fröhlich singen ...“

73 Lieder, überwiegend komplett mit Text und Melodie inspiriert, einige auch als Vertonung zu bekanntem Text wie dem „Vaterunser“ laden zum Singen ein.

Es handelt sich um Lieder zu sowohl fröhlich heiteren Anlässen wie Geburtstagen ... Reisen ... Naturerlebnissen ... als auch zu besinnlichen ... religiösen ... spirituellen Themen.

Alle Noten sind handgesetzt und mit Akkorden für Gitarrenbegleitung versehen.

1999
87 Seiten, 9 Abbildg.
ISBN 3-935512-09-0 EUR 16,70

„Besinnliches zu Wandlungschancen zum wahren Sein“

In diversen Kapiteln wird auf die Inhalte wahren Seins, sowohl des irdischen (stofflichen) als auch des kosmischen (feinstofflichen) und geistigen (spirituellen) Seins eingegangen.

Themen u.a.: „Gottesboten als Geleit“ ... „Kleine Betrachtung zum Statusempfinden“ ... „Chancen zur Überwindung der Angst“ „Vom bewussten Umgang mit den Aspekten der freien Willensentscheidung“ ... „Die Gnade der Glückseligkeit“ ... „Wenn Franziskus heute spräche“ ... „Das Zeitalter des Christus“ ... „Katholine und Protestantus“ ... „Seelenebenen und göttlich-geistige Bereiche“ mit Grafiken zur Veranschaulichung der Schwingungsleiber des Menschen, Schwingungsebenen des Seins ... und anderes mehr.

2000
109 Seiten, div. Abbildg.
ISBN 3-935512-10-4 EUR 16,70

„Sein, Ist und Werden“

Die Kapitel befassen sich u.a. mit geistigen Gesetzmäßigkeiten der jeweiligen Aspekte wahren Seins: des beständigen „Sein“ ... des noch unbeständigen, wandelbaren „Ist“ sowie des verheißungsvollen „Werden“.

Themen wie: „Menschliche Wahrnehmungsmöglichkeiten“ ... „Betrachtungen zum Thema Projektion“ ... „Vom Gnadewirken der Liebe“ ... „Praktikable Lebbarkeit der Kommunikation zwischen den Welten“ ... „Apokalypse“ sowie grafische und bildhafte Darstellungen, Verse und Beispiele aus dem Leben möchten zur Veranschaulichung beitragen.

2001
117 Seiten, div. Abbildg.
ISBN 3-935512-11-2 EUR 16,70